**Geschichten aus dem Leben des Propheten Mohammed**
Gott segne ihn und schenke ihm Frieden

zum Lesen und Vorlesen
neu erzählt von Seynab Gurtmann
auf der Grundlage von arabischen Texten
übersetzt von Anwar Mahgoub
illustriert von Seynab Gurtmann
unterstützt von vielen, vielen Helfern

# Geschichten aus dem Leben des Propheten Mohammed

صلى الله عليه وسلم

zum Lesen und Vorlesen

# Inhalt

صَلَّى اللهُ عَلَيْهِ وَسَلَّمَ

ṣalla-ḷḷāhu ᶜalaihi wa-sallam

Gott segne ihn und schenke ihm Frieden.

عَلَيْهِ ٱلسَلَامُ

ᶜalaihi-s-salām

Der Friede sei mit ihm.

عَلَيْهَا ٱلسَلَامُ

ᶜalaihā-s-salām

Der Friede sei mit ihr.

رَضِيَ اللهُ عَنْهُ

raḍiya-ḷḷāhu ᶜanhu

Möge Gott mit ihm zufrieden sein.

رَضِيَ اللهُ عَنْهَا

raḍiya-ḷḷāhu ᶜanhā

Möge Gott mit ihr zufrieden sein.

# Das Licht des Propheten Mohammed ﷺ

Am Anfang war nur Gott und nichts war mit ihm. Gott, oder wie es im Arabischen heißt Allah, wollte nicht alleine sein. So schuf Er ein wunderbares strahlendes Licht und dieses Licht war die Seele unseres gesegneten Propheten Sayyidina Mohammed ﷺ. Aus diesem Licht brachte Er alles andere hervor.

Er ließ die Himmel mit den paradiesischen Gärten, die Erde und das Weltall mit all seinen Sternen enstehen. Er füllte die Himmel mit Engeln und sie beteten und sangen Gott zu Ehren. Er schuf das Wasser und das Land und bevölkerte die Erde mit Tieren und Pflanzen.

Zum Schluss formte Er Sayyidina Adam عليه السلام, den ersten Menschen, und erweckte ihn zum Leben. Gott gab Sayyidina Adam عليه السلام das Licht des Propheten Sayyidina Mohammed ﷺ auf die Stirn. Es strahlte so hell, dass Tausende von Engeln herbei kamen und riefen: „Gepriesen sei Allah!" Sayiddina Adam عليه السلام hörte einen Gesang wie von Vögeln aus diesem Licht kommen und fragte Gott: „Was ist das für ein Licht auf meiner Stirn und was ist das für ein Gesang?". Gott antwortete: „Das ist das Licht des Propheten Mohammed und was du hörst sind seine Gebete. Ich verspreche, dieses Licht wird durch dich fließen und von heiligen Männern zu heiligen Frauen weitergegeben werden, bis zum Tage seiner Geburt." So trug Sayyidina Adam عليه السلام das Licht des gesegneten Propheten Sayyidina Mohammed ﷺ wie einen Vollmond auf seiner Stirn und später in seinem Herzen. Von ihm kam es auf seine Frau Sayyidatuna Eva عليها السلام, die im Arabischen Haua genannt wird, und diese gab es weiter an einen ihrer Söhne. Auf diese Weise ging es fort und fort, bis die Zeit für den Propheten Sayyidina Mohammed ﷺ auf Erden gekommen war.

# Die Zeit der Götzendienerei

Sayyidina Adam عليه السلام wohnte im Paradiesgarten Eden mit seiner Frau Sayyidatuna Eva عليها السلام. Sie lebten dort in vollkommener Zufriedenheit und es fehlte ihnen an nichts. Eines Tages jedoch aßen sie die Frucht von einem Baum, den Gott ihnen verboten hatte, deshalb mussten sie das Paradies verlassen und wurden auf die Erde geschickt. Sayyidina Adam عليه السلام war sehr traurig über seinen Fehler und bat reumütig um Vergebung. Gott erhörte seine Bitte. Damit war Sayyidina Adam عليه السلام der erste Mensch, dem Gott, der Barmherzige, verzieh. Dennoch musste Sayyidina Adam عليه السلام mit Sayyidatuna Eva عليها السلام auf der Erde bleiben. Er vermisste schmerzlich die Nähe zu Gott und die Gesänge der Engel. Da gab ihm Gott zur Erinnerung einen weißen Stein aus dem Paradies.

Sayyidina Adam عليه السلام trug den Stein wie einen Schatz an seinem Herzen und fand auf diese Weise ein wenig Trost. Der paradiesische Stein war ganz weiß und strahlte und leuchtete. Es waren sieben Verträge in ihm enthalten, die den Bund zwischen Gott und den Menschen besiegelten.

Doch seit dieser Zeit haben die Menschen ihren Herrn immer wieder vergessen, den Schöpfer von Himmel und Erde, den einzigen lebendigen Gott. Stattdessen wurden Sonne, Mond und Sterne als Götter angebetet. Die Naturgewalten wurden beschworen und gefürchtet. Die Menschen bastelten sich selbst Götzen aus Holz, Stein und Schmuckwerk, die sie als Götter verehrten.

Deshalb hat Gott zu allen Zeiten Propheten und Gesandte mit Zeichen und Wundern zu den Völkern geschickt. Sie sollten die Menschen erinnern und ermahnen und den Bund zwischen Gott und den Menschen wieder erneuern.

Einer dieser geehrten Propheten war Sayyidina Abraham عليه السلام, der mit arabischem Namen Ibrahim heißt. Er lebte mit seinem Sohn Sayyidina Ismael عليه السلام, auf Arabisch Isma'il gesprochen, in dem Tal Mekka. Das war ein überaus gesegneter Platz, denn es war das erste Stück Erde, das Gott hervorbrachte, als er die Welt erschuf. Und als Sayyidina Adam عليه السلام vom Paradies auf die Erde geschickt wurde, war dies der Ort, an dem er ankam.

Im Tal Mekka lag auch der paradiesische Stein, der Sayyidina Adam عليه السلام Trost gespendet hatte. Und hier war auf Gottes Befehl eine Quelle entsprungen, um einen Seiner Gesandten davor zu bewahren, in der Wüste zu verdursten. Das Tal selbst war trocken und unfruchtbar, doch durch die heilige Quelle mit dem Namen Samsam hatte es sich zu einem beliebten Karawanenlagerplatz inmitten einer öden und heißen Landschaft entwickelt.

Gottes gesegneter Diener Sayyidina Abraham ﵇ baute zusammen mit seinem Sohn Sayyidina Ismael ﵇ in Mekka die Kaaba. Es war das erste Haus, das zu Ehren Gottes errichtet wurde.

Sayyidina Abraham ﵇ nahm den Stein Sayyidina Adams ﵇ und fügte ihn in eine Ecke des Gebäudes ein. Der wunderbare weiße Stein war inzwischen durch die schlechten Taten der Menschen schwarz geworden. Immer noch enthielt er die sieben Verträge mit Gott. Der Prophet Sayyidina Abraham ﵇ erinnerte sein Volk an Gott und stärkte es in seinem Glauben. Viele kamen von nah und fern zur Kaaba und verehrten den Einen Gott. Doch schon wenige Menschenalter nach Sayyidina Abraham ﵇ geriet seine Religion wieder in Vergessenheit. Erneut begannen die Menschen sich die Götter selbst zu schaffen und die Götzendienerei breitete sich wieder aus. Sie beteten zu diesen künstlichen Gebilden und glaubten, dass sie Hilfe von ihnen bekommen könnten.

Es begann ganz harmlos. Ein Bewohner Mekkas hob einen Stein aus der Nähe der Kaaba auf. Er hoffte, so ein wenig von dem Segen der Kaaba mit sich nehmen zu können. Schon bald besaß fast jeder einen Stein aus Mekka als Glücksbringer. Die Verehrung der Steine nahm ihren Lauf. Es dauerte nicht lange, da hatte jeder arabische Stamm, jedes Dorf, einen Stein als Heiligtum. Die Leute aus der Umgebung reisten zu diesen Steinen hin und umrundeten sie. Früher hatten sie sich auf die Pilgerreise nach Mekka begeben, hatten dort die Kaaba umrundet und um den Segen Gottes gebeten.

Jetzt aber richteten sie ihre Gebete an Steine. Immer mehr wurden die leblosen Steine verherrlicht. Nicht nur Steine aus Mekka hatten jetzt eine Bedeutung, sondern auch solche, die durch ihr besonderes Aussehen oder ihre Schönheit auffallend waren.

Schließlich begannen die Menschen, die Steine selbst zu formen, sie zu schmücken und ihnen Namen zu geben. Der erste Götze, den sie in die Kaaba trugen, wurde Hubal genannt. Es folgten andere, wie Al-Laat, Al-Uzza und Al-Manat. Sie beteten zu ihren selbst geschaffenen Göttern. So wurde die Kaaba, die Sayyidina Abraham عليه السلام zu Ehren Gottes erbaut hatte, zu einem Platz für steinerne Götzen.

# Der Großvater Sayyidina Mohammeds 

Viele Menschenalter später war die Kaaba in Mekka immer noch das wichtigste Heiligtum in Arabien. 360 Götzen befanden sich inzwischen im Inneren des Heiligen Hauses. Von nah und fern kamen die Wüstenbewohner, um sie zu verehren, aber den wahren und einzigen Gott hatten sie vergessen. Sie waren habgierig und lasterhaft geworden und verbrachten ihre Zeit mit Spielen und Trinken. Es wurde viel gestritten und gekämpft. Die Männer ließen ihre Frauen und Töchter viel arbeiten und behandelten sie schlecht. Sie hielten sie für wertlos und freuten sich nur, wenn ein Junge geboren wurde.

Im Laufe der Zeit war Mekka, das aus einer kleinen Ansammlung von Nomadenzelten bestanden hatte, eine richtige Stadt mit Häusern geworden. Viele Karawanen kamen und gingen. Oft war die Luft erfüllt von dem Brüllen der Kamele und dem Rufen der Händler. Bunte und lebendige Märkte standen im Gegensatz zu Staub und Sand, zu Hitze und Trockenheit des Wüstendaseins.

In Mekka lebte ein Nachfahre Sayyidina Abrahams عليه السلام und seines Sohnes Sayyidina Ismael عليه السلام. Sein Name war Sayyidi Abdel Muttalib رضي الله عنه.

Anders als all die Menschen, die an Götzen glaubten, wusste er, dass es nur den Einen Gott gibt. Genau wie Sayyidina Abraham عليه السلام betete er nur zu Ihm. Auf seiner Stirn trug er das Licht des Propheten Sayyidina Mohammeds ﷺ. Er ritt oft in die Wüste auf die Jagd. Nicht selten geschah es, dass die Löwen anstatt davonzurennen zu ihm herankamen. Dann sprachen sie: „Bitte reite auf uns, damit wir durch das Licht des Propheten Mohammed geehrt werden."

Sayyidi Abdel Muttalib ﵁ hatte die ganz besonders ehrenvolle Aufgabe, sich um die Besucher der Kaaba zu kümmern und sie mit Essen und Trinken zu versorgen. Dies war gar nicht so einfach, denn die heilige Quelle Samsam, die einstmals Mekka mit Wasser versorgt hatte, war versiegt. Während eines Krieges hatte man die Schätze aus der Kaaba in die Quelle geworfen, um sie vor den Feinden zu retten, und sie dann zugeschüttet. Daraufhin blieb Samsam trocken.

Deshalb musste das Wasser aus Brunnen vor den Toren der Stadt herbeigeschafft werden. Für Sayyidi Abdel Muttalib ﵁ war diese mühsame Arbeit sehr schwer. Immer häufiger dachte er daran, nach der Quelle Samsam zu suchen und sie wieder aufzugraben.

Eines Nachts sprach im Traum eine Stimme zu ihm: „Höre Sayyidi Abdel Muttalib, du sollst nach der Quelle Samsam graben. Das ist ein göttlicher Befehl!“ Als Sayyidi Abdel Muttalib رضي الله عنه am nächsten Morgen erwachte, erinnerte er sich an jedes Wort. Auch die Stelle, wo er mit dem Graben beginnen sollte, war ihm ganz genau gezeigt worden. Sayyidi Abdel Muttalib رضي الله عنه war über diesen Traum sehr aufgeregt, doch er zögerte und traute sich nicht. Erst nachdem er noch zweimal genau dasselbe geträumt hatte, schritt er zur Tat.

Mit seinem einzigen Sohn begann er, an der beschriebenen Stelle zu graben. In der Hitze des Tages schaufelten sie schweißgebadet und unter dem Gespött der Leute: „Seht euch diese beiden an. Sie haben wohl Langeweile, dass sie so im Sand herumwühlen müssen.“ Doch das Lachen sollte den Zuschauern bald vergehen, denn nach einiger Zeit stießen sie auf den verschütteten Schatz. Sie brachten kostbaren Zierrat, viele Schwerter und zwei Gazellen ganz aus Gold zu Tage. Sayyidi Abdel Muttalib رضي الله عنه ließ später aus den Schwertern eine Tür für die Kaaba bauen und stellte die beiden Gazellen als Schmuck davor.

Jedoch das eigentliche Ziel ihrer Arbeit hatten Vater und Sohn noch nicht erreicht. Sie mussten noch eine geraume Weile graben. Die Leute wagten zwar nicht mehr, über sie zu lachen, aber es half ihnen auch keiner. Endlich erfüllte sich die Verheißung des Traumes und die Sehnsucht Sayyidi Abdel Muttalibs رضي الله عنه. Unter ihren Füßen sprudelte Wasser hervor, die Quelle Samsam erwachte zu neuem Leben.

Sayyidi Abdel Muttalib ﷺ und sein Sohn ließen sich weinend in das hervorquellende Wasser sinken und umarmten sich vor Glück. Sie dankten Gott für Seine Großzügigkeit und Barmherzigkeit.

# Die Errettung von Sayyidi Abdullah ﷺ

Sayyidi Abdel Muttalib ﷺ hatte nur einen Sohn, und bei der Erfüllung seiner Pflichten und bei der Ausgrabung der Quelle Samsam hatte er sich mehr als einmal gewünscht, dass er doch durch mehrere Kinder gesegnet wäre. Schließlich betete er zu Gott: „Oh Allah, wenn Du mir zehn Söhne gibst und sie alle groß und stark werden und mir bei der Arbeit helfen, werde ich Dir einen davon opfern."

Gott erhörte seinen Wunsch und schenkte ihm zehn Söhne. Als sie alle erwachsen waren, rief er sie zusammen und erzählte: „Ich habe euch von einer ernsthaften Angelegenheit zu berichten. Wir ihr wisst, hatte ich lange Zeit nur einen Sohn. Aus Kummer darüber und aus Sehnsucht nach Unterstützung habe ich meine Bitte an Allah gerichtet. Ich bat Ihn um zehn Söhne und versprach Ihm, einen davon zu opfern, wenn mein Wunsch erfüllt werden sollte. Nun seid ihr hier alle vor mir und die Zeit ist gekommen, mein Versprechen einzulösen." Bekümmert blickte Sayyidi Abdel Muttalib ﷺ auf seine Söhne, nachdem er gesagt hatte, was zu sagen war. Seine Kinder waren sehr erschrocken. Doch aus Treue und Liebe zu ihrem Vater und im Vertrauen auf Gott sprachen sie: „Lieber Vater, wir sind bereit und dein Wunsch ist uns Befehl."

Daraufhin gingen sie alle zur Kaaba. Sie wollten durch das damals übliche Losverfahren herausfinden, welcher von ihnen geopfert werden sollte.

Jeder der zehn Söhne musste seinen Namen auf einen Lospfeil schreiben. Sayyidi Abdel Muttalib رضي الله عنه gab die Lospfeile an einen Priester weiter und dieser trat mit ihm vor einen der großen steinernen Götzen. Die Anspannung war groß – wen würde das Schicksal auswählen? Sayyidi Abdel Muttalib رضي الله عنه schloss die Augen und betete im Stillen zu Gott. Der Priester warf die Pfeile und das Los fiel auf Sayyidi Abdullah رضي الله عنه. Sayyidi Abdel Muttalib رضي الله عنه erschrak zutiefst, denn Sayyidi Abdullah رضي الله عنه war sein jüngstes Kind und sein Lieblingssohn. Der Gedanke ihn zu verlieren, brach ihm fast das Herz, aber er war bereit das Versprechen zu erfüllen.

Er fasste seinen Sohn bei der Hand und schritt mit ihm zum Opferplatz. Sayyidi Abdullah رضي الله عنه hatte große Angst, aber tapfer ging er neben seinem Vater und trug sein Schicksal mit der Würde eines Edelmanns. Als die Leute von Mekka sahen, was hier geschehen sollte, gerieten sie in große Aufregung. Sie riefen: „Oh Abdel Muttalib, lass ab von dieser Bluttat. Wir alle wissen, wie sehr du deinen Sohn liebst. Sicher wird es eine andere Lösung geben." Seine nahen Verwandten vom Stamm der Quraisch boten ihm all ihr Hab und Gut, um Sayyidi Abdullah رضي الله عنه als Opfer auszulösen. Sayyidi Abdel Muttalib رضي الله عنه hätte ihnen nur zu gerne nachgegeben, doch das Versprechen, das er Gott gegeben hatte, wollte er um keinen Preis brechen.

Da schlug jemand vor, eine berühmte Wahrsagerin in der Nähe von Medina zu diesem Fall zu befragen. Sayyidi Abdel Muttalib رضي الله عنه ließ sich schließlich überzeugen, das Opfern seines Sohnes noch aufzuschieben und machte sich mit zwei Begleitern auf den Weg, um ihren Rat einzuholen.

Nach einem langen Ritt durch die Wüste fand man die alte weise Frau unter einem Baum. Die Wahrsagerin hörte sich die Geschichte an. Dann fragte sie, welches das üblich Maß sei, um eine Schuld einzulösen. Das Maß betrug zehn Kamele. Da sprach die Alte: „Werft das Los erneut, diesmal zwischen Abdullah und zehn Kamelen. Wenn das Los wieder auf Abdullah fällt, so erhöht um weitere zehn Kamele, solange bis das Los auf die Kamele zeigt.“.

Die Männer kehrten zurück nach Mekka und befolgten den Rat der Wahrsagerin. Immer wieder fiel das Los auf Sayyidi Abdullah ﵁, bis ihm hundert Kamele gegenüberstanden. Dann endlich traf das Los die Kamele.

Sayyidi Abdel Muttalib رضي الله عنه jedoch war erst beruhigt, nachdem der Lospfeil auch beim zweiten und drittenmal auf den Kamelen blieb.

Überglücklich schloss er seinen Sohn in die Arme und sie weinten Tränen der Erleichterung. Die neun Brüder und alle, die mitgebangt hatten, jubelten und freuten sich über den glücklichen Ausgang. Gott hatte das Opfer von hundert Kamelen statt des Sohnes Sayyidi Abdullah رضي الله عنه angenommen, Dank sei Gott, dem Gnädigen, dem Barmherzigen.

# Der Vater des Propheten Mohammed ﷺ

Sayyidi Abdullah war ein sehr schöner eleganter Mann. Das wunderbare Licht des Propheten Sayyidina Mohammed war von seinem Vater zu ihm weitergewandert. Nun leuchtete es vollmondgleich auf seiner Stirn.

Die Geschichte mit den Lospfeilen hatte seine Beliebtheit noch gesteigert. Viele Frauen hätten Sayyidi Abdullah gerne geheiratet und nicht wenige baten ihn um die Ehe. Doch Sayyidi Abdullah hatte sich schon entschieden. Er heiratete Sayyida Amina bint Wahab. Sie war eine schöne junge Frau aus einem adeligen Stamm in Mekka. Sayyidi Abdel Muttalib richtete ihnen die Verlobung und die Hochzeit aus.

Gott hatte Sayyidi Abdullah davor bewahrt, als Opfer zu sterben, aber sein Leben sollte nur von kurzer Dauer sein. Er war noch nicht lange verheiratet und freute sich mit Sayyida Amina auf sein erstes Kind, da musste er eine Geschäftsreise nach Damaskus machen. Auf dem Rückweg, bei einem Besuch in Medina, wurde er krank. Sein Bruder Sayyidi Al-Harith machte sich auf den Weg, um ihn nach Hause zu holen. Er kam zu spät. Sayyidi Abdullah war in Medina gestorben, ohne seine Frau wiederzusehen und ohne je sein Kind in den Armen zu halten.

Als Sayyida Amina رضي الله عنها von dem Tod ihres Mannes erfuhr, trauerte sie sehr über diesen schweren Verlust und sie beweinte das Schicksal ihres Kindes, das bei seiner Geburt keinen Vater haben würde.

Die Engel im Himmel fragten Gott: „Wer wird sich jetzt um den Propheten Mohammed kümmern؟“. Gott antwortete: „Ich werde für ihn da sein und ihn schützen.“

# Das Jahr des Elefanten

In dem Jahr, in dem der Prophet Sayyidina Mohammed ﷺ geboren werden sollte, lebte in Abessinien der christliche König Abraha. Er war sehr ehrgeizig in seinem Glauben und wollte alle Araber zum Christentum bekehren. Schon lange war ihm die Verehrung der Kaaba ein Dorn im Auge. Aus diesem Grund ließ er eine gewaltige Kirche mit kostbarem Schmuckwerk bauen. Abraha hoffte, dass die Araber von nun an zu seiner Kirche pilgern würden, aber er hatte sich geirrt, das arabische Volk blieb seinem eigenen Heiligtum treu.

Eines Nachts schlichen sich zwei arabische Männer in die Kirche und beschmutzten sie. Als Abraha davon erfuhr, geriet er in großen Zorn und schwor Rache. Er rief seine Soldaten zusammen und stellte eine Armee auf. Sein Ziel war die Zerstörung der Kaaba. So machte Abraha sich auf und marschierte gegen Mekka. Wo immer sein Heer vorbeizog, löste es großes Staunen aus, denn an seiner Spitze schritt ein weißer Elefant.

Niemand vermochte Abraha aufzuhalten. So stand er schon bald vor den Toren Mekkas. Die Soldaten Abrahas machten im Umkreis der Stadt viele Überfälle. Sie raubten den Menschen ihr Hab und Gut, ihre Kamele, Schafe, Ziegen und Hühner und nahmen diese reiche Beute mit in ihr Lager.

Abraha schickte einen Boten nach Mekka, um sein Vorhaben zu verkünden. Er bat um eine Unterredung mit einem Stammesoberhaupt. Die Mekkaner schickten ihm Sayyidi Abdel Muttalib رضي الله عنه. Als Abraha ihn herankommen sah, erhob er sich ehrfürchtig von seinem Sitz. Sayyidi Abdel Muttalib رضي الله عنه war sehr schön und strahlte eine große Würde aus. Er machte einen solchen Eindruck auf den König von Abessinien, dass dieser sich mit ihm gemeinsam auf dem Boden niederließ, anstatt auf dem Thron zu sitzen, wie es einem König zukam.

Sayyidi Abdel Muttalib رضي الله عنه sagte zu Abraha, nachdem sie sich mit sehr höflichen Worten begrüßt hatten,: „Wir sind nicht in der Lage, mit dir Krieg zu führen.“ Dieser antwortete: „Es ist nicht meine Absicht gegen euch zu kämpfen, aber ich werde mich nicht davon abbringen lassen, die Kaaba zu zerstören.“ Sayyidi Abdel Muttalib رضي الله عنه erwiderte nichts darauf.

Schließlich fragte ihn Abraha, ob er noch einen Wunsch hätte. Sayyidi Abdel Muttalib رضي الله عنه antwortete: „Bei dem, was ihr geraubt habt, befinden sich zweihundert meiner Kamele. Ich wäre dankbar, wenn ich sie zurückbekäme.“

Diese Bitte verwunderte Abraha und er sprach: „Ich verkünde dir die Zerstörung eures größten Heiligtums und du fragst nach deinen Kamelen. Wie kann das sein؟“. Da sagte Sayyidi Abdel Muttalib رضي الله عنه: „Ich bin der Herr meiner zweihundert Kamele. Der Herr der Kaaba wird Sein Haus selbst beschützen.“

Sayyidi Abdel Muttalib رضي الله عنه bekam die geraubten Kamele wieder und kehrte nach Mekka zurück. In Erwartung des bevorstehenden Angriffs schickte er sein Volk in die Berge. Er selbst ging mit einigen Wenigen in die Kaaba und dort betete er: „Oh Allah, schütze Dein Haus und beschütze uns vor dem Angriff des Feindes, denn Du bist der beste Beschützer.“

Am nächsten Morgen rückte Abraha tatsächlich nach Mekka vor. Sie waren noch nicht weit gegangen, da hielt der weiße Elefant an und ließ sich nieder. Seine Wärter trieben ihn an wieder aufzustehen. Sie schrien, aber er gehorchte nicht. Sie schlugen ihn mit der Peitsche und stachen ihn mit Lanzen. Der Elefant bewegte sich keinen Zentimeter. Schließlich besannen sie sich auf eine List. Das ganze Heer machte kehrt und marschierte in die entgegengesetzte Richtung.

Der Elefant erhob sich ohne Zaudern und ging mit. Doch kaum wandten sich die Soldaten wieder gegen Mekka, machte er halt. Dies war ein deutliches Zeichen. Hätte Abraha an dieser Stelle Einsicht gezeigt, wäre vielleicht das, was nun geschah, zu verhindern gewesen. Doch sein großer Zorn hatte ihn blind gemacht und ließ nicht ab von seinem Vorhaben.

Plötzlich wurde der Himmel ganz dunkel. Einige Männer riefen: „Seht nur, dort! Was ist das?“ Alle wandten ihre Blicke nach oben. Sie sahen eine finstere Wolke, die sich mit großer Geschwindigkeit näherte. Eine gewaltige Furcht ergriff die Soldaten und sie stoben in wilder Flucht auseinander, aber es war zu spät. Ein riesiger Schwarm schwarzer Vögel flog über Abrahas Truppen. Jeder Vogel trug drei Steine, einen im Schnabel und zwei in den Fängen. Sie ließen die Steine fallen und sie trafen mit tödlicher Kraft. Viele der Angreifer verloren ihr Leben. Abraha und die wenigen Überlebenden, die fliehen konnten, verfolgte das Unheil bis in ihre Heimat. Und so war es gekommen, wie Sayyidi Abdel Muttalib رضي الله عنه gesagt hatte: Gott, der Allmächtige, hatte Sein Haus selbst beschützt.

# Sayyidina Mohammed ﷺ wird geboren

Im Jahr des Elefanten war Sayyidi Abdel Muttalib رضي الله عنه, der ja zu den Wenigen gehörte, die ihren Glauben an Gott nicht verloren hatten, einer der geachtetsten Männer in Mekka. Aber trotz seines guten Vorbildes hörten die Menschen nicht auf, die steinernen Götzen zu verehren und ein lasterhaftes Leben zu führen.

Das Licht des Propheten Sayyidina Mohammed ﷺ hatte auf der Stirn von Sayyidi Abdullah رضي الله عنه geleuchtet. Jetzt trug Sayyida Amina رضي الله عنها es unter ihrem Herzen. Sie selbst erzählte später: „Das Licht strahlte aus meinem Leib, so dass ich die Schlösser der Stadt Basra erblicken konnte, obwohl diese doch viele Tagesreisen entfernt liegt.“ Die Zeit der Schwangerschaft war für Sayyida Amina رضي الله عنها schön und leicht. Sie hatte keinerlei Beschwerden. Eines Tages sah sie im Traum eine lichte Gestalt, die zu ihr sprach: „Du trägst in dir den besten Menschen, den Gott geschaffen hat. Wenn du ihn geboren hast, so nenne ihn Mohammed. Das ist ein Geheimnis, das du nicht preisgeben darfst.“ Sayyida Amina رضي الله عنها erzählte niemandem davon und auch alle anderen Wunder und Zeichen, die ihr geschahen, behielt sie für sich.

Die großen Propheten, die ihre Aufgabe auf Erden schon vor langer Zeit erfüllt hatten, besuchten Sayyida Amina ﷺ in ihren Träumen und sprachen mit ihr.

Der Prophet Adam ﷺ, der erste Gesandte Gottes sagte: „Du wirst das Beste und das Heiligste zur Welt bringen."

Der Prophet Noah ﷺ, der im Arabisch Sayyidina Nuh genannt wird, sprach: „Du hast den Gesegneten in dir, den Wahren, den, der die Wahrheit sagt."

Der Prophet Abraham ﷺ, Sayyidina Ibrahim auf Arabisch, berichtete über die Stärke und Güte des erwarteten Propheten.

Der Prophet Ismael ﷺ, arabisch Sayyidina Isma'il, sagte: „Er wird eine wunderbare Ausstrahlung haben und jeder wird ihn ansehen."

Der Prophet Moses ﷺ, sein arabischer Name lautet Sayyidina Musa, erzählte ihr von der Macht, die ihr Sohn haben würde.

Der Prophet David ﷺ, der im Arabischen Sayyidina Da'ud heißt, sprach über die Barmherzigkeit des Propheten Mohammed ﷺ und erklärte: „Er wird der Brunnen der Wahrheit und des Wissens sein und der Heiligste von allen Propheten."

Der Prophet Salomon ﷺ, dessen arabischer Name Sayyidina Sulaiman ist, brachte die Worte: „Dein Sohn ist das Siegel der Propheten. Nach ihm kommt keiner mehr."

Am Ende erschien der Prophet Jesus ﷺ, er heißt auf arabisch Sayyidina Isa, und sagte: „Der Prophet Mohammed ﷺ wird die Religionen der Vergangenheit erneuern und vollenden."

Endlich kam der Tag an dem Sayyidina Mohammed ﷺ, der schon so lang ersehnte Prophet, geboren werden sollte. Sayyida Amina رضي الله عنها war ganz allein zu Hause. Sie spürte den Schmerz in ihrem Leib und bekam Angst. Keiner war da, um ihr bei der Geburt ihres ersten Kindes zu helfen. Schon wollte sie zur

Tür hinaus, um Hilfe herbeizurufen. Da spürte sie einen sanften Lufthauch. Voller Staunen, doch ohne Furcht, erblickte sie einen großen Vogel. Er strich mit seinen weißen Flügeln über Sayyida Aminas رضي الله عنها Herz. Schmerz und Angst verschwanden. Frieden breitete sich aus. Sayyida Amina رضي الله عنها wandte sich um und entdeckte eine kleine Schüssel mit einer Flüssigkeit wie Milch. Ohne zu zögern trank sie davon. Es schmeckte süßer als Honig und erfüllte sie mit Kraft und Zuversicht. Im selben Moment strahlte ein wunderbares Licht vom Himmel, wie man es sich nicht vorstellen kann. Sayyida Amina رضي الله عنها sah mehrere wunderschöne Frauen, die aus dem Licht zu ihr herankamen. Allen voran ging Maria رضي الله عنها, die auf arabisch Sayyida Maryam genannt wird.

Sie ist die Mutter des Proheten Jesus عليه السلام. Gleich an ihrer Seite schritt Sayyida Assia رضي الله عنها, die Ziehmutter des Propheten Moses عليه السلام Wie eine Säule reichte das Licht vom Himmel herunter und wurde immer heller. Eine Stimme sprach: „Die Geburt soll im Verborgenen stattfinden.“ Daraufhin flogen paradiesische Vögel herbei. Sie hatten edelsteingeschmückte Schnäbel und auf ihren Flügeln glitzerten Perlen und Diamanten. Die Vögel bildeten mit ihren Schwingen eine Kuppel und verbargen darunter die werdende Mutter und alles, was geschah. Gott erleuchtete das Herz von Sayyida Amina رضي الله عنها. Sie konnte mit einem Mal die ganze Erde mit ihren Blicken durchmessen. Sie erkannte drei Flaggen, eine im Westen, eine im Osten und eine auf der Kaaba. Da wusste sie, dass ihr Sohn ein Segen für die ganze Menschheit sein würde.

In diesem Moment wurde der Prophet Sayyidina Mohammed صلى الله عليه وسلم geboren.

# Was am Tag der Geburt geschah

Weil die Geburt im Verborgenen stattgefunden hatte, war es noch nicht für jeden sichtbar, dass hier ein großer Prophet zur Welt gekommen war. Doch es geschahen einige Zeichen und Wunder, welche die Bedeutung dieses Ereignisses ganz deutlich machten.

Am Tag, als der Prophet Sayyidina Mohammed ﷺ geboren wurde - es war Montag, der 12 Rabbi Al-Auwal - , fielen in der Kaaba die steinernen Götzen von ihren Sockeln.

Am selben Tag stürzten im fernen Persien vierzehn Zimmer eines Palastes ein, von dem die Perser geglaubt hatten, dass er bis zum Ende aller Zeiten stehen würde. Am selben Tag erlosch ein Feuer, das sie anbeteten und das seit tausend Jahren brannte. Und am selben Tag verlor der See von Sawa, den die Perser als Gottheit verehrten, sein Wasser und blieb für alle Zeiten trocken.

Aus dem Jemen wurde die Geschichte von Amir und seiner Familie berichtet, die am Tag der Geburt des Propheten Sayyidina Mohammed ﷺ ein Wunder erlebten. Amir hatte nur eine einzige Tochter und die war schwer krank. Kein Arzt konnte sie heilen. Jeden Tag trug er seine Tochter auf das Hausdach. Dort stand der steinerne Götze der Familie, den sie verehrten und von dem sie Schutz und Hilfe erhofften.

Wenn Amir mit seiner Tochter vor den Götzen trat, betete er und flehte ihn an: „Oh du huldvoller Gott, hier bringe ich mein Kind vor dein Angesicht. Bitte heile es von seiner schweren Krankheit!“ Doch nichts geschah. Amirs Tochter wurde nicht gesund. Sie ertrug geduldig alle Schmerzen und ihre Eltern waren traurig, sie so leiden zu sehen. Schließlich sprach Amir zu seiner Frau: „Ich glaube, wir sind auf einem Irrweg. Unser steinerner Gott will oder kann unsere Tochter nicht heilen. Lass uns den Einen, lebendigen Gott, suchen, der uns wirklich hilft. Seine Güte wird uns den Weg weisen.“

An jenem Tag saß Amir auf dem Dach seines Hauses. Da sah er ein Licht vom Himmel auf die Erde strahlen. Er sprang auf die Beine. In diesem Moment öffnete ihm Gott Herz und Augen, so dass er erkennen konnte, was geschah. Er erblickte die Kaaba, weit fort in Mekka, und sah, wie sie von vielen Engeln umrundet wurde. Die Gebirge schienen sich zu verbeugen und die Bäume neigten und wiegten sich. Dann schien die ganze Erde inne zu halten und wurde still.

Plötzlich hörte Amir eine Stimme rufen: „Der erwartete Prophet, der den geraden Weg zu Gott führt, ist geboren.“ Amir erzitterte bis tief ins Innerste und war voll des Wunderns und Staunens über das, was er gesehen und gehört hatte. Er schaute sich um, woher wohl die Stimme gekommen sei. Da entdeckte er, dass sein steinerner Götze umgestürzt war, und wieder ertönte die Stimme: „Der erwartete Prophet, der die Ehre für Erde und Himmel ist, ist geboren! Die Bäume werden mit ihm sprechen und der Mond wird sich seinetwegen teilen. Er ist der Herr der Menschen.“ Amir fragte: „Wie heißt dieser Herr?“ „Er heißt Sayyidina Mohammed al-Mustafa und seine Heimat ist Mekka. Zwischen seinen Schultern ist ein rundes Zeichen und eine Wolke schützt ihn vor der Sonne.“

In diesem Augenblick bemerkte Amir seine Tochter. Sie stand geheilt neben ihm. Noch mehr als zuvor erfasste ihn das Staunen über die Dinge, die da gerade geschahen. Er fragte seine Tochter: „Was hat sich zugetragen?“ Sie erzählte: „Als ich schlief, sah ich ein Licht und einen sehr schönen Mann. Ich fragte: ‚Wer ist dieser Mann, von dem ein solches Leuchten ausgeht?‘ Eine Stimme antwortete: ‚Dies ist der Gesandte Allahs, dessen Licht die ganze Welt erhellt und sie mit einem wunderbaren Duft erfüllt hat.‘ Ich fragte: ‚Wie heißt er?‘ Die Stimme erwiderte: ‚Sein Name ist Mohammed. Allah hat ihn als barmherzigen Gesandten für alle Menschen geschickt.‘ Ich fragte die Stimme: ‚Wer bist du?‘ Und sie antwortete: ‚Ich bin ein Engel.‘ Ich sprach zu ihm: ‚Siehst du nicht, welch starke Schmerzen ich habe?‘ Der Engel sagte: ‚Wende dich an den Propheten Mohammed, durch ihn wird Allah dir helfen.‘

Da folgte ich der Stimme des Engels und schaute auf die lichte Gestalt mit meiner Bitte um Heilung im Herzen. Der Prophet Mohammed reichte mir seine Hand und in dem Moment, in dem ich sie ergriff, erwachte ich und fühlte, dass ich gesund und stark war."

Die Tochter war durch das Erlebte so erfüllt und beglückt, dass sie zu singen begann: „Ich wurde durch das Licht des Herrn von Himmel und Erde geheilt und durch Seine Barmherzigkeit sind Schmerzen und Traurigkeit verflogen." Da sprach ihr Vater Amir: „Oh welch ein Wunder haben wir erfahren! Dieser Gesandte, der heute geboren wurde, hat ein besonderes Geheimnis. Seine Liebe hat mein Herz berührt und ich werde die Wüste durchqueren, um ihn zu sehen." Also machte sich Amir mit seiner Familie auf die beschwerliche Reise nach Mekka. Seine Sehnsucht, den neugeborenen Propheten ﷺ zu sehen, war sehr groß.

Endlich erreichten sie Mekka und sie klopften an das Haus von Sayyida Amina رضي الله عنها, der Mutter des Propheten Sayyidina Mohammed ﷺ. Sein Großvater Sayyidi Abdel Muttalib رضي الله عنه hatte Sayyida Amina رضي الله عنها aufgetragen, das Kind und seine Geheimnisse vor den Menschen zu verbergen.

Als sie das Pochen an der Tür hörte, öffnete sie vorsichtig und schaute hinaus. Sayyida Amina رضي الله عنها erblickte einen Mann und zwei Frauen, die ihr völlig fremd waren. Sie schienen eine weite Reise hinter sich zu haben. Ihrer Kleidung nach stammten sie aus dem Jemen. Sayyida Amina رضي الله عنها zögerte, sie einzulassen. Da trat Amir vor und fragte höflich und ehrerbietig nach einem Kind, durch dessen Licht die ganze Welt gesegnet wurde. Sayyida Amina رضي الله عنها erkannte, dass Gott diese Menschen hierher geführt hatte. Sie antwortete ihm: „Dieses Kind ist mein Sohn Sayyidina Mohammed ﷺ." Amir weinte vor Freude und bat, ihn sehen zu dürfen. Die Mutter des Propheten Sayyidina Mohammed ﷺ fühlte die Sehnsucht und die große Liebe Amirs. Obwohl sie das besondere Kind lieber noch im Verborgenen lassen wollte, führte sie Amir, seine Frau und seine Tochter zu Sayyidina Mohammed ﷺ. Nun standen sie vor dem Neugeborenen, und küssten ihm Hände und Füße. Sie waren ganz erfüllt von Dankbarkeit für die Heilung, die sie erfahren hatten und für den Segen, dieses Kind sehen zu dürfen. Amir weinte vor Glück. Ein tiefer Seufzer entrang sich seiner Brust und in seinem Herzen breitete sich großer Frieden aus. Gott, in Seiner Barmherzigkeit, hatte Amir und seiner Familie schon am Tag der Geburt des Propheten Mohammed ﷺ gezeigt, welch ein Segen durch ihn in die Welt gekommen war.

# Der neugeborene Prophet ﷺ

Als der Prophet Sayyidina Mohammed ﷺ geboren war, ließ seine Mutter Sayyida Amina رضي الله عنها seinen Großvater Sayyidi Abdel Muttalib رضي الله عنه holen. Der Überbringer der Nachricht hatte kaum zu Ende gesprochen, da eilte Sayyidi Abdel Muttalib رضي الله عنه nach Hause, so schnell es sein Alter und seine Würde erlaubten. Sayyida Amina رضي الله عنها legte das Kind in seine Arme. Das Glück durchströmte den Großvater vom Kopf bis zu den Füßen. Immer wieder sagte er: „Oh welch wunderbares Kind, dank sei Allah, dank sei Allah."

Ehrfürchtig betrachtete Sayyidi Abdel Muttalib رضي الله عنه seinen neugeborenen Enkel. Obwohl ihm Sayyida Amina رضي الله عنها nicht viel erzählt hatte, ahnte er, dass auf dieses Kind ein besonderes Schicksal wartete. Deshalb sagte er: „Großes wird mit ihm geschehen!" Er nahm Sayyidina Mohammed ﷺ mit sich und trug ihn zur Kaaba. Während er davonschritt, blickte Sayyida Amina رضي الله عنها ihm nach. Sie wusste, dass Sayyidi Abdel Muttalib رضي الله عنه mit dieser Aussage recht behalten würde, denn ihr Sohn hatte nach seiner Geburt folgende Worte gesprochen: „Es gibt keinen Gott außer Gott, und ich bin sein Gesandter. Dank sei Gott! Gepriesen sei Gott am Morgen und am Abend!" Die Mutter des Propheten ﷺ bewahrte dieses Geheimnis in ihrem Herzen und sprach zu niemandem davon. Sayyidi Abdel Muttalib رضي الله عنه umrundete das Heilige Haus mit seinem Enkel und dankte Gott.

Nur wenige erkannten in dem Säugling den zukünftigen Propheten ﷺ. Sein Onkel Sayyidi Al Abbas ؓ kam eines Abends, um nach dem kleinen Neuankömmling in der Familie zu sehen. Sayyidina Mohammed ﷺ lag allein in seiner Wiege und Sayyidi Al-Abbas ؓ trat leise hinzu. Der Kleine schlief nicht. Er hatte seinen Arm erhoben und zeigte mit dem Finger auf den Mond.

Langsam bewegte er seinen Finger hin und her. Der Onkel hielt staunend inne. Konnte er seinen Augen trauen? Denn plötzlich sah er, wie sich der Mond, immer dem Fingerchen folgend, hin und her bewegte. Lange konnte Sayyidi Al Abbas ؓ sich nicht von der Stelle rühren und schaute und schaute. Doch als er später zu den anderen ging, kam kein Wort über seine Lippen. Was er gesehen hatte, behielt er für sich.

An einem anderen Abend lag der Säugling wieder allein in seinem Bettchen. Sein Wickeltuch kniff ihn in die rechte Seite und er wollte weinen. Da sagte der Mond zu ihm: „Weine doch nicht. Wenn eine deiner Tränen auf die Erde tropft, wird Allah so bekümmert sein, dass Er das grüne Land mit der Wüste vermischt." Der Prophet ﷺ beruhigte sich ein wenig, aber sein Wickeltuch war zu fest. Jetzt drückte es ihn auf der linken Seite. Wieder war er dem Weinen nahe. Der Mond versuchte ihn zu trösten und sprach: „Weine nicht, Geliebter Allahs. Wenn eine deiner Tränen auf die Erde fällt, wird Allah aus Kummer die Erde verschließen, so dass nie wieder etwas Grünes daraus hervorbrechen kann." Da versprach der Prophet Sayyidina Mohammed ﷺ nicht zu weinen, denn die Erde seines Volkes sollte grün und fruchtbar bleiben.

Während dieser Unterhaltung war Sayyidi Al Abbas ﵁ gekommen. Er hörte seinen Neffen sprechen und glaubte, es wäre nur Babygeplapper. Schon wollte er zur Wiege gehen und mit dem Kleinen Spaß machen, als er etwas anderes hörte. Er blickte zum Himmel und es schien ihm, als spräche der Mond. Zwar konnte der Onkel nichts verstehen, aber es gab keinen Zweifel: Sein Neffe Sayyidina Mohammed ﷺ redete mit dem Mond.

Sayyidi Al Abbas ﵁ war zum zweiten Mal Zeuge eines Wunders geworden. Und wie alle in der Familie, die ahnten oder wussten, wer in ihrer Mitte geboren worden war, hielt er die Geheimnisse des Kindes verborgen.

# Die Amme Sayyida Halima ﷺ

Als der Prophet Sayyidina Mohammed ﷺ gerade geboren worden war, ließ Gott einen Engel ausrufen: „O ihr Geschöpfe, hier ist Mohammed, der Sohn von Abdullah. Vortrefflich sei die Brust, die ihn stillt! Vortrefflich sei der Diener, der ihn versorgt!" Da meldeten sich die Vögel und sagten: „O unser Herr, wir möchten die Ehre haben, dieses Kind aufzuziehen. Wir tragen ihn auf unsere Nester und geben ihm von dem Besten, was die Erde hervorbringt." Die Wolken ballten sich zusammen und sprachen: „Uns soll die Ehre zuteil werden, dieses Kind zu behüten. Wir werden ihn von Westen nach Osten tragen." Die Engel erhoben ihre Stimmen und riefen: „O unser Herr, sind wir nicht am meisten berechtigt, ihn zu erziehen? Gib uns diese Ehre!" Der Engel, der die Worte Gottes ausgerufen hatte, antwortete ihnen allen: „Es ist geschrieben und besiegelt. Das Glück, den Propheten Mohammed aufzuziehen, hat Allah in die Hände von Halima Sa'adia gelegt."

Diese Sayyida Halima ﵂ war eine arme Frau. Sie lebte in dem kargen Landstrich des Stammes der Bani Sa'ad. Trotz ihrer Armut und dem schwierigen Leben in der Wüste hatte sie einen tiefen Glauben. Niemals vergaß sie, Gott zu danken, egal ob es ihr gut ging oder schlecht.

In der Zeit bevor Sayyida Halima ﵂ damit gesegnet werden sollte, dass sie den Propheten Sayyidina Mohammed ﷺ versorgen und behüten durfte, ließ Gott Dürre und Trockenheit über ihr Land kommen. Sayyida Halima ﵂ war so arm, dass sie sich selbst und ihren gerade neugeborenen Sohn nicht ernähren konnte. Schon sieben Tage hatte sie kaum etwas gegessen. In der siebenten Nacht kam im Traum ein Mann zu ihr. Er führte sie zu einem Fluss, der weiß war wie Milch und süß wie Honig. Der Mann gebot ihr zu trinken und sie trank soviel sie konnte. Der Mann fragte sie: „Kennst du mich?" Sayyida Halima ﵂ antwortete: „Nein." Er sagte: „Ich bin der Dank, mit dem du Allah im Elend und im Glück gedankt hast. Geh nach Mekka, dort wartet ein großes Geschenk auf dich, aber sprich zu niemandem davon."

Es traf sich, dass Sayyida Halima ﵂ mit den anderen Frauen der Bani Sa'ad in den nächsten Tagen nach Mekka aufbrechen wollte. Sie hatten vor, Säuglinge von den Familien aus der Stadt zu holen, um sie zu stillen und sie auf dem Lande großzuziehen. Das war zu dieser Zeit üblich und die Frauen der Bani Sa'ad waren als gute Ammen bekannt.

Sayyida Halima رضي الله عنها war von allen Frauen die ärmste. Sie ritt einen klapprigen, mondfarbenen Esel, der mit den anderen Reittieren kaum Schritt halten konnte. Er lahmte und war schwach vor Hunger. Ihre Kamelstute gab keinen Tropfen Milch mehr und so blieb auch sie selbst während der ganzen Reise hungrig. Das Baby schrie in der Nacht, weil es nach Milch verlangte, aber was sollten sie ihm geben? Das Kind und Sayyida Halima رضي الله عنها fanden keinen Schlaf.

Am Tage ging die Reise weiter. Sayyida Halima رضي الله عنها ritt am Schluss, und die anderen Frauen waren ärgerlich, weil sie mit ihrem langsamen Esel alle aufhielt. Plötzlich trat ein Mann unter einem Baum hervor. Mit einem Stock spornte er den Esel an und sagte: „Eile dich mit der Amme des Herrn aller Gesandten!“ Da strengte sich der Esel mehr an als zuvor.

Sayyida Halima رضي الله عنها kam erschöpft und ohne große Hoffnung nach Mekka. Jeder konnte sehen, dass es ihr nicht gut ging, dennoch suchte sie mit den anderen Ammen nach einem Kind. Schon bald hatten ihre Freundinnen Eltern gefunden, die ihnen ihr Kind anvertrauen wollten. Sayyida Halima رضي الله عنها jedoch wurde immer wieder zurückgewiesen.

Sayyidi Abdel Muttalib رضي الله عنه und Sayyida Amina رضي الله عنها hatten die Ankunft der Ammen in Mekka erwartet. Sie hofften, eine Frau zu finden, die bereit sein würde, Sayyidina Mohammed ﷺ zu stillen. Er gehörte zwar dem größten Stamm in Mekka an, aber er war eine Halbwaise und seine Familie war eine der ärmsten. So war es nicht verwunderlich, dass die Frauen der Bani Sa'ad andere Kinder vorzogen.

Die Frauen rüsteten sich schon zur Rückkehr, da sprach Sayyida Halima رضي الله عنها zu sich selbst: „Ich kann nicht ohne ein Kind heimkehren. Ich werde zu der Quraischfamilie mit dem Waisenkind gehen und es mitnehmen. Vielleicht wird Allah uns seinen Segen dafür geben."

Die Amme Sayyida Halima رضي الله عنها machte sich auf den Weg zum Haus von Sayyidi Abdel Muttalib رضي الله عنه. Erfreut ließ man sie herein. Sayyidi Abdel Muttalib رضي الله عنه hatte nicht mehr daran geglaubt, dass doch noch eine Amme bereit sein würde, sein Enkelkind aufzuziehen. Er fragte nach ihrem Namen und sie sagte: „Ich heiße Halima Sa'adia." Sayyidi Abdel Muttalib رضي الله عنه antwortete: „Das bedeutet Sanftmut und Glück, darin ist eine ewige Ehre." Dann führte er sie zu dem Kind.

Auf einem grünseidenen Tuch lag Sayyidina Mohammed ﷺ. Er war in ein weißes, nach Moschus duftendes Wolltuch gewickelt. Sayyidina Mohammed ﷺ war sehr schön, und als Sayyida Halima رضي الله عنها ihn sah, fühlte sie, wie sie von einer starken Liebe durchströmt wurde. Sie sprach: „Seine Schönheit ist unbeschreiblich und ich habe keinen anderen Wunsch mehr, als mit ihm zusammen zu sein und für ihn zu sorgen." Das Kind lag auf seinem Rücken und schlief. Leise kam Sayyida Halima رضي الله عنها ein wenig näher. Lächelnd schlug er seine Augen auf und ein Licht strahlte daraus hervor, das bis in den Himmel reichte.

Sayyida Halima رضي الله عنها nahm ihn heraus und legte ihn an ihre rechte Brust. Sie war vor Hunger ganz schwach gewesen und hatte nicht einmal genug Milch, um ihren eigenen Sohn zu ernähren. In dem Moment, wo sie den kleinen Sayyidina Mohammed ﷺ anlegte, waren ihre Brüste übervoll. Er leerte die rechte Seite und Sayyida Halima رضي الله عنها bot ihm auch noch ihre linke Brust, doch Sayyidina Mohammed ﷺ wandte seinen Kopf ab, denn er wusste, dass Sayyida Halima رضي الله عنها einen Sohn hatte und wollte ihm seinen Anteil Muttermilch nicht wegtrinken.

Für den Großvater Sayyidi Abdel Muttalib رضي الله عنه und die Mutter Sayyida Amina رضي الله عنها war die Zeit gekommen von Sayyidina Mohammed ﷺ Abschied zu nehmen. Sie wünschten Sayyida Halima رضي الله عنها viel Glück und Segen. Schweren Herzens sah Sayyida Amina رضي الله عنها die Amme Sayyida Halima رضي الله عنها mit ihrem Kind auf dem Arm davongehen.

Sie kehrte zum Lagerplatz zurück und schaute als erstes nach ihren Tieren. Da entdeckte sie, dass das Euter der alten Kamelkuh prall gefüllt war. Ein Wunder war geschehen, sie gab wieder Milch und das reichlich! Sayyida Halima رضي الله عنها trank von der guten Kamelmilch. In der folgenden Nacht konnte sie seit langer Zeit wieder tief und fest schlafen. Sie wurde weder durch den eigenen Hunger noch durch das Geschrei hungriger Kinder geweckt, denn Sayyidina Mohammed ﷺ und sein Milchbruder schliefen satt und zufrieden.

Am nächsten Morgen brachen die Ammen von Bani Sa'ad auf. Sayyida Halima رضي الله عنها bestieg mit Sayyidina Mohammed ﷺ auf dem Arm ihren Esel. Dieser war wie ausgewechselt. Frisch und munter schritt er aus. Er lief so schnell, dass die übrige Reisegesellschaft kaum Schritt halten konnte.

Die Frauen riefen: „O Halima, kann dies der Esel sein, auf dem du hergeritten bist?“ Sayyida Halima رضي الله عنها lachte und antwortete: „Bei Allah, es ist der Esel, auf dem ich gekommen bin.“ Das konnten die Frauen kaum glauben und tuschelten über diese Angelegenheit auf dem Ritt durch Mekka. Als sie an der Kaaba vorbeikamen, wandte sich Sayyida Halimas رضي الله عنها Esel plötlich dem Heiligen Haus zu und verbeugte sich dreimal. Die Freundinnen von Sayyida Halima رضي الله عنها riefen erstaunt: „Das ist ja ein Wunder! Was ist denn los mit deinem Esel, Halima?“ Da fing plötzlich der Esel an zu sprechen und antwortete statt seiner Herrin رضي الله عنها: „Bei Allah, mit mir ist etwas geschehen. Allah hat mir Stärke gegeben, nachdem ich schwach war. O Frauen der Bani Sa‘ad, ihr seid achtlos! Auf meinem Rücken ist der vortrefflichste Prophet, der Herr aller Gesandten, der beste Mensch aller Zeiten und der Geliebte Allahs.“

Als sie wieder zu Hause waren, herrschte immer noch große Trockenheit. Die Ziegen und Kamele waren mager und gaben wenig Milch. Nach ihrer Heimkehr nahm das Dorfleben seinen gewohnten Gang. Die Schäfer zogen am frühen Morgen mit dem Vieh auf die Weiden. Als sich die Herden zur Zeit der Dämmerung dem Lager näherten, bemerkten die Mitglieder des Stammes, dass die Ziegen von Sayyida Halima رضي الله عنها wohlgenährt waren und volle Euter hatten. Ihre eigenen waren mager und gaben nicht mehr Milch als sonst. Die Leute wunderten sich sehr und sagten zu ihren Hirten: „Morgen geht ihr dorthin, wo Sayyida Halimas رضي الله عنها Ziegen weiden!“ Doch am nächsten Abend war es wie zuvor. Nur Sayyida Halimas رضي الله عنها Tiere waren fett und ihre Euter voll. Sayyida Halimas رضي الله عنها Mann sprach zu ihr: „Siehst du die Wunder, die geschehen sind, seit wir das Kind aufgenommen haben? Es hat einen besonderen Segen, und wir müssen Allah danken.“

# Die Kindheit auf dem Lande

Nachdem Sayyidina Mohammed ﷺ zwei Jahre bei der Amme gelebt hatte, sollte er zu seiner Mutter in die Stadt zurückgebracht werden.

Sayyida Halima رضي الله عنها liebte das Kind wie ihren eigenen Sohn und wollte ihn ungern hergeben. Sie bettelte und bat und fand tausend Gründe. „O Sayyida Amina, siehst du nicht, wie gesund und kräftig dein Sohn bei uns auf dem Lande geworden ist? Es kann ihm doch nur gut tun, wenn er noch eine Weile dort lebt. Du weißt, in Mekka gibt es eine gefährliche Krankheit. Stell dir nur vor, er würde sich anstecken. Wir alle lieben ihn und werden ihn so vermissen, bitte lasse ihn noch eine Zeit lang bei uns." Das Wohlergehen ihres Sohnes war Sayyida Amina رضي الله عنها das Wichtigste und schließlich gab sie dem Bitten von Sayyida Halima رضي الله عنها. Wer aber kann ermessen, wie sehr eine Mutter ihr einziges Kind vermisst, wenn es solange von ihr fort ist!

Sayyidina Mohammed ﷺ teilte das einfache Leben der Nomaden. Er fühlte sich bei seinen Zieheltern sehr wohl und sein Milch- und Ziehbruder Hamza war ihm ein guter Gefährte. Die Wüste mit ihrer unendlichen Weite war sein Zuhause. Der Speisezettel war nicht abwechslungsreich, doch brauchte er niemals Hunger zu leiden. Gott wachte über den zukünftigen Propheten und ließ es ihm an nichts mangeln.

Mit drei Jahren fragte Sayyidina Mohammed seine Amme: „Wo sind denn die anderen Kinder während des Tages? Ich sehe sie immer nur am Abend.“ Sayyida Halima antwortete: „Sie gehen mit den Hirten auf die Weide.“ Sayyidina Mohammed bat: „Bitte lass mich auch mitgehen“, und Sayyida Halima erlaubte es.

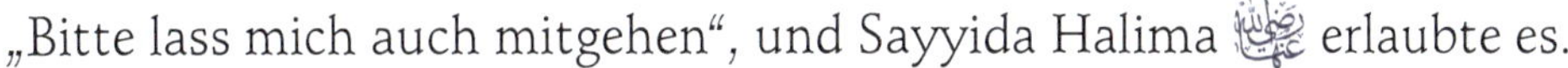

Zur Stunde der Dämmerung ging sie den heimkehrenden Herden entgegen. Da sah sie vor Sayyidina Mohammed ein Licht und alle Ziegen drängten sich um ihn, als wollten sie ihm nahe sein. Eine Ziege lahmte. Hamza, der Sohn von Sayyida Halima, hatte sie versehentlich mit einem Stein am Bein getroffen. Sie kam zu Sayyidina Mohammed und schien über ihren Schmerz zu klagen. Er strich sanft über ihr verletztes Bein und die Ziege war geheilt.

Sayyida Halima fragte ihren Sohn: „Was hast du heute mit deinem Bruder erlebt?“ Hamza antwortete: „O Mutter, der ganze Tag mit ihm war ein Wunder. Wenn er an einem Stein, Baum, Hügel, an Vögeln oder wilden Tieren vorbeikam, dann grüßten sie ihn mit den Worten: ‚Assalamu alaikum, Friede sei mit dir, o Gesandter Allahs!‘ Wo sein Fuß die Erde berührte, wurde es grün und es grünte auch in den Spuren seines Kamels. Wenn wir aus einem Brunnen trinken wollten, stieg das Wasser von selbst bis zum obersten Rand.

Wir kamen in ein Tal, in dem viele wilde Tiere leben. Plötzlich sprang ein Löwe aus dem Gebüsch. Er brüllte fürchterlich! Alle Ziegen rannten davon

und ich schrie vor Angst und Schreck. Allein Sayyidina Mohammed ﷺ blieb ganz ruhig stehen. Als der Löwe ihn sah, warf er sich nieder und sagte in feinstem Arabisch: ‚Assalamu alaikum, Friede sei mit dir oh Mohammed.' Danach flüsterte der Löwe ihm etwas in sein Ohr. O Mutter, wenn ich es nicht selbst erlebt hätte, ich würde es nicht glauben!" Sayyida Halima رضي الله عنها fasste ihren Sohn an den Schultern und sagte eindringlich: „Hamza, erzähle niemandem, was du gesehen hast!"

Sooft Sayyidina Mohammed ﷺ mit auf die Weide ging, berichtete Hamza am Abend seiner Mutter von Wundern, die sich ereignet hatten.

Der kleine Sayyidina Mohammed ﷺ gedieh prächtig. Er war jetzt fünf Jahre alt und ausgesprochen kräftig für sein Alter. Eines Tages war er wie immer mit seinem Bruder Hamza und dem Weidevieh unterwegs. Plötzlich sagte Hamza: „Sieh nur Sayyidina Mohammed ﷺ, wer kann das sein?“ Zwei Männer kamen langsam auf sie zu. Sie waren in strahlendes Weiß gekleidet und keines der Kinder hatte sie je zuvor gesehen. Einer der beiden zeigte auf Sayyidina Mohammed ﷺ und fragte: „Ist er das?“ Der zweite antwortete: „Ja, das ist er.“ Sie gingen auf Sayyidina Mohammed ﷺ zu und hielten ihn fest. Vorsichtig legten sie ihn auf die Erde. Die Männer knieten sich zu ihm und Hamza konnte sehen, dass sich der Brustkorb des Jungen öffnete. Da schrie er vor Entsetzen, löste sich aus seiner Erstarrung und rannte zum Dorf, um Hilfe zu holen.

Sayyidina Mohammed ﷺ dagegen fürchtete sich nicht. Er spürte keinen Schmerz, denn die beiden Männer waren Engel, von Gott gesandt, und ein großer Frieden umgab sie. Einer der Engel trug eine goldene Schale, die mit Schnee gefüllt war. Der andere Engel nahm das Herz von Sayyidina Mohammed ﷺ in seine Hände und wusch es in der goldenen Schale. Er legte das gereinigte Herz zurück und schloss den Leib des Kindes.

Die beiden Engel halfen Sayyidina Mohammed ﷺ wieder auf die Beine. Sie umarmten ihn und küssten ihn auf den Kopf und zwischen die Augen. Dann verschwanden sie.

Sayyida Halimas رضي الله عنها Sohn hatte inzwischen das Lager erreicht. Außer Atem kam er gerannt und schrie: „Zwei Männer haben meinen Bruder Mohammed zu Boden geworfen und schneiden seinen Leib auf!“ Alle, die ihn hörten, waren zu Tode erschrocken und liefen mit Hamza zum Ort des Geschehens. Sie fanden Sayyidina Mohammed ﷺ auf einem Felsen sitzend. Er lächelte und hatte den Blick in den Himmel gerichtet. Er sah etwas blass aus, war sonst aber unversehrt. Sayyida Halima رضي الله عنها schloss ihren Ziehsohn in die Arme und weinte vor Erleichterung. Sie hatte damit gerechnet, ihn tot oder verletzt vorzufinden und nun saß er ganz gelassen da. „Was ist denn passiert?“, fragte sie ihn, nachdem sie sich etwas beruhigt hatte. Sayyidina Mohammed ﷺ erzählte, was geschehen war und zeigte mit dem Finger zum Himmel, wo die Engel verschwunden waren.

Die Leute aus dem Dorf waren verwirrt und beunruhigt. Sie konnten diese Geschichte nicht glauben und wollten Sayyidina Mohammed ﷺ zu einem Wahrsager bringen. Auch Sayyida Halima رضي الله عنها und ihr Mann waren sehr besorgt. Sie untersuchten Sayyidina Mohammed ﷺ und fanden kein Zeichen an seinem Körper, dass ihm auch nur irgendein Leid geschehen wäre. Sayyida Halima رضي الله عنها zweifelte nicht an den Worten der Kinder, aber sie konnte nicht aufhören sich Gedanken zu machen. Sie fürchtete, ein böser Geist wolle ihrem Ziehsohn Schaden zufügen. Schließlich sprach sie zu ihrem Mann: „Ich mache mir große Sorgen um Mohammed und wage es nicht länger, die Verantwortung für ihn zu tragen. Deshalb habe ich beschlossen, ihn zu seiner Mutter zurückzubringen. Ich werde mich unverzüglich auf den Weg nach Mekka machen." In diesem Moment hörte man einen Ruf: „Freue dich Mekka! Heute bekommst du das Licht und die Religion, die Vollkommenheit und die Schönheit zurück!"

Ohne viel Zeit zu verlieren, machte Sayyida Halima رضي الله عنها sich bereit für die Reise und brach mit Sayyidina Mohammed ﷺ auf. Am Stadtrand von Mekka ließ sie ihn für einen Augenblick vom Esel absteigen. Plötzlich gab es eine starke Erschütterung und die Erde bebte für einige Sekunden. Sayyida Halima رضي الله عنها schaute sich suchend nach Sayyidina Mohammed ﷺ um, aber er war wie vom Erdboden verschluckt. Erschrocken rief sie: „Bei Allah, wo ist der Junge؟" Einige Leute hörten sie und fragten: „Welcher Junge؟" Sayyida Halima رضي الله عنها antwortete: „Mohammed, der Sohn von Sayyidi Abdullah, Sohn von Sayyidi Abdel Muttalib, durch den der Segen und das Glück zu mir kam. Heute wollte ich ihn zu seiner Familie zurückbringen, doch nun ist er verschwunden. Sicher hat man ihn entführt! Ich schwöre, wenn ich ihn nicht wiederfinde, werde ich mich von diesem Berg stürzen!" Die umherstehenden Leute sagten erstaunt: „Wir haben Mohammed nicht bei dir gesehen." Sayyida Halima رضي الله عنها rief: „Gerade stand er doch noch neben mir!" Aber die Leute blieben dabei: „Wir haben niemanden gesehen."

Da geriet Sayyida Halima رضي الله عنها in Verzweiflung, sie schlug die Hände über dem Kopf zusammen, brach in Tränen aus und klagte: „O Mohammed, mein Sohn.“ Sie weinte so herzzerreißend, dass bald alle Umherstehenden mit ihr weinten. Ein alter Mann, der am Stock ging, kam langsam näher.

Er fragte Sayyida Halima رضي الله عنها: „Frau, warum bist du denn so außer dir?“

Unter Tränen erzählte sie ihm von dem Verlust ihres Ziehsohnes. Daraufhin sagte der Alte: „Hör auf zu klagen! Ich kann dir jemanden zeigen, der sicher weiß, wo dein Mohammed ist. Du musst nur zur Kaaba gehen und dort den großen Götzen befragen.“ Sayyida Halima رضي الله عنها rief: „Wie kannst du mir einen solchen Rat geben. Weißt du denn nicht, was mit den Götzen geschah, als Mohammed geboren wurde?“

Der alte Mann antwortete: „Und du weißt nicht, wovon du sprichst. Ich werde selbst hineingehen und für dich fragen.“ Tatsächlich betrat er die Kaaba. Er umrundete siebenmal den Götzen Hubal und küsste ihn, dann sprach er: „Oh Hubal, ich bitte dich, uns zu helfen. Draußen steht eine Frau, die sagt, sie hätte ihren Sohn Mohammed verloren.“ Als dieser Name im Inneren der Kaaba fiel, kippten Hubal und alle anderen Götzen von ihren Sockeln und Hubal antwortete: „Hinaus mit dir, alter Mann, weißt du nicht, dass durch Mohammed unsere Vernichtung kommt?“

Zitternd und weinend kam der Alte aus der Kaaba und sagte zu Sayyida Halima رضي الله عنها: „Weine nicht, dein Sohn hat einen Gott, der ihn niemals verlassen wird und stärker ist als alles. Sei geduldig und warte ab.“

Sayyida Halima رضي الله عنها versuchte sich zu beruhigen. Es kam ihr in den Sinn, dass Sayyidi Abdel Muttalib رضي الله عنه schon von dem Verschwinden seines Enkelkindes erfahren haben könnte. Schnell machte sie sich auf den Weg zu seinem Haus, um es ihm selbst zu erzählen. Sayyidi Abdel Muttalib رضي الله عنه öffnete ihr die Tür.

Überrascht sie zu sehen, fragte er: „Hast du gute oder schlechte Nachrichten?“

Sayyida Halima رضي الله عنها antwortete: „O weh, ich habe leider schlechte Nachrichten!“ Sie berichtete ihm, was geschehen war und sagte: „Ich habe Angst, dass er entführt wurde, von Feinden, die nach seinem Leben trachten.“ Darüber geriet Sayyidi Abdel Muttalib رضي الله عنه in Zorn und zückte sein Schwert. Als die Mitglieder seines Stammes ihn so sahen, fragten sie: „Warum greifst du zur Waffe?“ Sayyidi Abdel Muttalib رضي الله عنه rief aufgebracht: „Mein Enkelsohn ist spurlos verschwunden. Ich fürchte er ist in großer Gefahr. Wer immer ihm Schaden zufügt, wird die Klinge meines Schwertes kosten.“ Da waren alle sofort bereit sich ihm anzuschließen, und gemeinsam suchten sie überall nach Sayyidina Mohammed ﷺ.

Nach langer vergeblicher Suche begab sich Sayyidi Abdel Muttalib رضي الله عنه zur Kaaba und umrundete sie siebenmal. Dann betete er zu Gott: „O Herr, wir haben Mohammed nicht gefunden und all unsere Bemühungen waren ohne Erfolg.“ Da ertönte eine Stimme vom Himmel: „O Volk, ihr sollt euch nicht fürchten, denn Mohammed wird von dem Einen Gott beschützt, der ihn nicht verlässt.“ Sayyidi Abdel Muttalib رضي الله عنه rief: „Wo können wir ihn finden?“ Die Stimme antwortete: „Im Tal Wadi Al-Arak unter dem rechten Baum.“

Sofort machte sich Sayyidi Abdel Muttalib رضي الله عنه mit seinen Begleitern auf den Weg. Friedlich und sorglos spielend fanden sie Sayyidina Mohammed ﷺ unter dem bezeichneten Baum. Sayyidi Abdel Muttalib رضي الله عنه sprach ihn an und fragte: „Kind, wer bist du؟" „Ich bin Mohammed, Sohn von Sayyidi Abdullah, Sohn von Sayyidi Abdel Muttalib." Weinend vor Freude und Erleichterung umarmte ihn Sayyidi Abdel Muttalib رضي الله عنه und sagte: „Ich bin dein Großvater."

Zuhause ließ er zum Dank ein Schaf schlachten und lud alle zu einem Festessen ein, um die glückliche Rückkehr seines Enkelsohnes zu feiern. Niemand wusste, wie Sayyidina Mohammed ﷺ in das Tal Tuhama gekommen war, aber jeder, der diese Geschichte miterlebt hatte, spürte die Hand Gottes über diesem Kind.

Nachdem der verlorene Sohn wiedergefunden war, schloss ihn seine Mutter Sayyida Amina رضي الله عنها doppelt glücklich in die Arme. Aber sie wunderte sich, dass Sayyida Halima رضي الله عنها Sayyidina Mohammed ﷺ schon zurückbrachte. Sie fragte: „Wie kommt es, Sayyida Halima رضي الله عنها, dass du meinen Sohn vor der vereinbarten Zeit wiederbringst? Hast du mich nicht angefleht, ihn noch behalten zu dürfen?“ Sayyida Halima رضي الله عنها antwortete: „Ich habe nun alles für ihn getan, was ich konnte. Außerdem fürchte ich, ihm könnte etwas zustoßen.“ Sayyida Amina رضي الله عنها erschrak und sagte: „Sprich, ist irgendetwas vorgefallen? Sag mir die Wahrheit!“ Nun erzählte Sayyida Halima رضي الله عنها ihr die ganze Geschichte. Sayyida Amina رضي الله عنها erkannte, dass die Amme Sayyida Halima رضي الله عنها sich vor einem bösen Geist fürchtete. Als sie danach fragte, nickte Sayyida Halima رضي الله عنها und war sehr beschämt. Da beruhigte Sayyida Amina رضي الله عنها sie und sagte: „Erinnerst du dich nicht an all die Wunder, die geschehen sind? Kein böser Geist kann diesem Kind etwas antun. Bei Allah, er steht unter Seinem Schutz und Großes wird mit ihm geschehen. Soll ich dir erzählen, was ich in der Schwangerschaft mit ihm gehört und gesehen habe?“

Sayyida Amina رضي الله عنها erzählte ihr alles und sofort wurde Sayyida Halimas رضي الله عنها Herz wieder leicht. Sayyidina Mohammed ﷺ war für sie wie ein eigener Sohn geworden, und sie hatte sich um sein Schicksal sehr gesorgt.

Doch jetzt war für Sayyida Halima رضي الله عنها die Stunde des Abschieds gekommen. Sayyida Amina رضي الله عنها wollte sich nicht noch einmal von ihrem Kind trennen. Viele Male und von ganzem Herzen dankte sie Sayyida Halima رضي الله عنها für alles, was sie für Sayyidina Mohammed ﷺ getan hatte. Sayyida Halima رضي الله عنها schloss ihren Ziehsohn in die Arme und küsste ihn auf die Stirn. Unter Tränen ging sie davon. Weil sie den Propheten Sayyidina Mohammed ﷺ gestillt und aufgezogen hatte, blieben der Schutz und der Segen Gottes bei ihr. Alle, die Sayyidina Mohammed ﷺ liebten, brachten ihr um seinetwillen Liebe und Respekt entgegen.

# Sayyidina Mohammed ﷺ wird Vollwaise

Endlich war Sayyidina Mohammed ﷺ wieder daheim bei seiner Mutter. Sayyida Amina رضي الله عنها umhüllte ihn mit Geborgenheit und Liebe, und er wuchs unter ihrer Fürsorge heran. Eines Tages beschloss seine Mutter, mit ihm nach Medina zu reisen. Sayyidina Mohammed ﷺ sollte die Familie und Heimat seiner Mutter kennen lernen.

In der Nähe von Medina besuchten sie gemeinsam das Grab seines Vaters Sayyidi Abdullah رضي الله عنه. Sayyida Amina رضي الله عنها weinte in der Erinnerung an ihren Mann. Sayyidina Mohammed ﷺ sah es und nahm ihre Hand. Er wollte sie trösten. Zum ersten Mal begriff er, dass er eine Waise war, ein Kind, das ohne Vater aufwächst. Er spürte einen tiefen Schmerz darüber und hatte Sehnsucht nach seinem Vater, den er nie kennen gelernt hatte. Sie waren noch nicht lange in Medina, da wurde Sayyida Amina رضي الله عنها sehr krank und bald darauf starb sie. Sayyidina Mohammed ﷺ hatte kaum Zeit gehabt zu begreifen, dass er ohne Vater war, und nun hatte ihn auch seine Mutter für immer verlassen. Er weinte lange Zeit bitterlich und niemand war da, um ihn zu trösten. Schließlich trat er mit der Dienerin Umm Aiman den Rückweg nach Mekka an.

In Mekka erwartete ihn sein Großvater Sayyidi Abdel Muttalib رضي الله عنه. Bei ihm fand er Obhut und Barmherzigkeit. Der Großvater liebte ihn über alle Maßen,

und sie waren immer zusammen. Als der Prophet ﷺ acht Jahre alt war, wurde auch Sayyidi Abdel Muttalib ﵁ sehr krank. Er fühlte, dass er schon bald sterben würde und ließ nach seinem Sohn Sayyidi Abu Talib ﵁ rufen. Sayyidi Abdel Muttalib ﵁ sprach zu ihm: „Mein Sohn, mein Leben neigt sich dem Ende zu, und ich mache mir Sorgen um das Schicksal meines Enkels Mohammed. Ich bitte dich von ganzem Herzen, nimm dich seiner an. Kümmere dich um ihn und sei zu ihm wie Vater, Mutter und Großvater. Erfülle deinem alten Vater diesen Wunsch, damit ich in Frieden sterben kann." Sayyidi Abu Talib ﵁ sagte: „Lieber Vater, ich verspreche dir, Mohammed mit mir zu nehmen. Ich werde ihn versorgen und erziehen wie meinen eigenen Sohn." Da war Sayyidi Abdel Muttalib ﵁ sehr erleichtert und dankte ihm. Nicht lange nach diesem Gespräch kam für Sayyidi Abdel Muttalib ﵁ die Stunde des Todes. Wieder musste Sayyidina Mohammed ﷺ von dem Menschen Abschied nehmen, der ihm am nächsten stand.

Von nun an lebte er bei seinem Onkel Sayyidi Abu Talib ﵁. Sayyidi Abu Talib ﵁ hatte ein sehr gutes Herz. Er kümmerte sich genauso liebevoll um Sayyidina Mohammed ﷺ, wie er es versprochen hatte. Er bewunderte seinen Neffen, der eine schöne Gestalt hatte und für sein Alter ausgesprochen klug und weise war. Es dauerte nicht lange, da wollte Sayyidi Abu Talib ﵁ nicht mehr ohne seine Gesellschaft sein. Er nahm ihn immer mit sich und legte größten Wert auf seine Meinung, obwohl Sayyidina Mohammed ﷺ doch noch ein Kind war.

# Der Mönch Bahira

Sayyidi Abu Talib ﷺ hatte eine große Familie und verdiente sein Geld mit dem Karawanenhandel. Eines Tages stand eine Geschäftsreise nach Syrien bevor. Sayyidina Mohammed ﷺ war jetzt zwölf Jahre alt und Sayyidi Abu Talib ﷺ beschloss, ihn auf diese Reise mitzunehmen. Er war ja viel vernünftiger als die anderen Kinder seines Alters und zeigte kein Interesse daran, mit ihnen zu spielen oder an ihren wilden Wettkämpfen teilzunehmen. Außerdem konnte sich Sayyidi Abu Talib ﷺ nicht vorstellen, so lange Zeit von ihm getrennt zu sein.

Auf der Reise nach Syrien machten die Quraisch gewöhnlich Rast in der Nähe der Stadt Basra. Dort gab es eine Hütte, in der ein christlicher Mönch namens Bahira lebte. Er verbrachte sein Leben ganz zurückgezogen in dieser Mönchsklause, einer kleinen, bescheidenen Hütte, in der er nur das Allernotwendigste hatte, was er brauchte. Er widmete sich dem Gebet und dem Studium seiner Bücher. Aus den Heiligen Schriften wusste er, dass die Zeit für den letzten Propheten gekommen war. Bahira wartete auf diesen letzten Gesandten Gottes in der Geschichte der Menschheit, dessen Aufgabe es sein würde, die Menschen wieder an den wahren und einzigen Gott zu erinnern, und der vollenden würde, was die Propheten und Gesandten vor ihm überbracht hatten. Es waren bestimmte Zeichen vorhergesagt, an denen der Prophet zu erkennen sein würde. Bahira gehörte zu denjenigen Gelehrten unter den Juden und Christen dieser Zeit, die diese Zeichen kannten. Es war die Sehnsucht und Hoffnung des Mönches, die Ankunft des Propheten ﷺ mitzuerleben, und er war nicht der Einzige, der sein Leben diesem Moment geweiht hatte.

Obwohl der Lagerplatz der Karawanen ganz in der Nähe seiner Hütte war, kam er niemals zu den Händlern, um mit ihnen zu sprechen. Auch diesmal beobachtete er nur von Ferne das Herannahen der vollbeladenen Kamele. Da erblickte er plötzlich, worauf er schon so lange gewartet hatte. Sein Herz schlug ihm bis zum Hals. Endlich, endlich erfüllte sich die Voraussage der Heiligen Schriften! Bahira sah eine einzige Wolke, ganz allein am weiten, heißen Wüstenhimmel.

Sie hing tief über der Karav
Schatten. Bahira sah, dass
Junge war. Am Rastplat
angekommen, ging der Junge
zu einem Baum und ließ sich

darunter nieder. Die Wolke folgte ihm und verharrte über dem Baum. In dem Moment, wo das Kind sich hingesetzt hatte, bewegte der Baum seine Zweige. Sie bogen sich um ihn wie ein Mantel und spendeten Schutz und Kühlung.

Der Mönch sprang auf. Der Junge unter dem Baum konnte nur der Auserwählte Gottes sein, doch um ganz sicher zu sein, er wollte ihn prüfen. „Ich muss wissen, ob auch die anderen Zeichen auf ihn zutreffen“, dachte er bei sich. „Das Beste ist, ich lade die ganze Gesellschaft zum Essen ein, dann werde ich weitersehen.“ Bahira machte sich mit zittrigen Fingern an die Vorbereitungen für das Essen. Er war sehr aufgeregt und sagte immer wieder: „O welche Gnade Allahs, welcher Segen, dass ich das erleben darf, ich danke dir Allah, o ich danke Dir für Deine Barmherzigkeit.“

Die Karawanenreisenden waren inzwischen damit beschäftigt, ihre Waren abzuladen. Unter dem lauten Zurufen der Treiber und dem Gebrüll der Kamele ließen diese sich endlich nieder. Kaum waren sie von ihren Lasten befreit, standen sie schon wieder auf und drängten sich an die Wasserstelle. Nachdem die Tiere mit Wasser und Futter versorgt waren, kamen sie langsam zur Ruhe. Das Brüllen wurde seltener, und der aufgewirbelte Staub legte sich wieder.

Schließlich fanden auch die Menschen Zeit für sich. Einige saßen rauchend in kleinen Gruppen zusammen. Andere kochten sich etwas über dem Feuer. Manche von ihnen waren, erschöpft von dem langen Tagesmarsch, schon im warmen Sand eingeschlafen.

Sayyidina Mohammed ﷺ saß noch immer ganz allein im Schutz desselben Baumes. Über ihm befand sich noch immer die Wolke, die ihm schon während der ganzen Reise ihren Schatten gespendet hatte. Er beobachtete das Lagerleben und beschäftigte sich in Gedanken mit den neuen Eindrücken, die er gesammelt, und den Erfahrungen, die er unterwegs gemacht hatte.

Plötzlich rief einer der Quraisch: „Seht nur, da kommt der Mönch!“ , und tatsächlich näherte Bahira sich höflich und bescheiden. Nach einer freundlichen Begrüßung lud Bahira sie alle zum Essen ein und bat ausdrücklich, dass niemand seine Einladung ablehnen dürfe. Die Karawanenleute waren sehr verwundert, denn das war bisher noch nie vorgekommen. Verunsichert blickten sie umher. Schließlich trat Sayyidi Abu Talib رضي الله عنه hervor und sprach: „Wir danken dir sehr herzlich und nehmen deine Einladung an.“ Kurze Zeit später waren alle Männer fertig und folgten Bahira, der schon vorausgegangen war, um die letzten Vorbereitungen für das Mahl zu treffen. Sayyidina Mohammed ﷺ ließen sie bei den Waren und Kamelen zurück. Er war ja noch ein Kind. Bahira empfing seine Gäste mit freundlichen Worten. Er konnte seine Aufregung kaum verbergen. Erwartungsvoll musterte er die Leute. Doch leider war derjenige, den er am meisten erwartet hatte, nicht darunter. Er wandte sich an die Mekkaner: „Ihr seid nicht alle gekommen. Einer fehlt und ich möchte, dass er auch dabei ist.“ Einer antwortete: „Es ist nur ein kleiner Junge, er ist noch im Lager. Wenn du so großen Wert darauf legst, werden wir ihn holen.“

Als nun Sayyidina Mohammed ﷺ endlich da war, konnte der Mönch Bahira keinen Blick von ihm wenden. Er bemühte sich geduldig zu warten, bis alle gegessen hatten. Dann näherte er sich Sayyidina Mohammed ﷺ und dachte: „Ich werde bei den Götzen Al-Laat und Al-Uzza schwören, mal sehen, was er dazu sagt.“ Bahira begrüßte den Propheten ﷺ und fragte ihn: „Bei Al-Laat und Al-Uzza, mein liebes Kind, darf ich dir wohl ein paar Fragen stellen؟“ Sayyidina Mohammed ﷺ sagte darauf: „Mit diesen Götzen habe ich nichts zu tun. Bitte rufe sie nicht an, sie sind mir zuwider.“ Bahira dachte bei sich: „Das ist es, was ich zu hören erhoffte.“ Laut sagte er: „Es tut mir Leid, dass ich diese Götzen erwähnte, das ist sonst nicht der Fall. Nun bitte ich dich noch einmal, um Allahs Willen. Wirst du mir einige Fragen beantworten؟“

Nun war Sayyidina Mohammed ﷺ bereit und sprach mit Bahira über den Götzenglauben seines Volkes und über die Gesandten und Propheten der früheren Zeit. In dem Gespräch bestätigte sich dem Mönch noch einmal, dass er den zukünftigen Propheten vor sich hatte, denn alles, was er sagte, stimmte mit den Aussagen der Heiligen Schriften überein.

Jetzt fehlte nur noch der letzte Beweis, das Siegel der Prophetenschaft. Bahira bat den Jungen, seinen Rücken sehen zu dürfen. Da war es! Ein kleines braunes Mal, geformt wie ein Oval, zwischen den Schultern des Kindes.

Die endgültige Gewissheit durchzuckte Bahira wie ein Blitz. Vor ihm stand wahrhaftig der erwartete Prophet. Eine Welle der Liebe durchflutete ihn und machte sein Herz weit. In diesem Moment kam Sayyidi Abu Talib رضي الله عنه heran und sprach: „Mohammed, wir wollen zurück zum Lager gehen, bist du bereit?“ Sein Neffe erhob sich. Der Mönch verbarg seine Gefühle und fragte Sayyidi Abu Talib رضي الله عنه: „Wie bist du mit diesem Kind verwandt?“ Dieser antwortete: „Er ist mein Sohn.“ Bahira wusste aber, dass der erwartete Prophet eine Waise sein würde, also entgegnete er: „Das kann nicht sein, ich bin sicher, dass sein Vater nicht mehr lebt.“ Sayyidi Abu Talib رضي الله عنه war verblüfft, wie konnte der Mönch das wissen? Er antwortete: „Du hast recht, er ist nur mein Neffe. Sein Vater starb, bevor Sayyidina Mohammed ﷺ geboren wurde.“

Bahira wandte sich eindringlich an Sayyidi Abu Talib رضي الله عنه. Er sagte: „Mein Herr von den Quraisch! In meinen Büchern habe ich gelesen von einem, der kommen wird und Großes wird mit ihm geschehen! Alle Zeichen dafür habe ich bei deinem Neffen gefunden. Ich bitte dich, bring dieses Kind schnellstens nach Hause. Du musst ihn gut beschützen, denn wenn andere erkennen, was ich erkannt habe, so werden sie nach seinem Leben trachten.“ Da erschrak Sayyidi Abu Talib رضي الله عنه, denn er wusste, dass der Mönch viel Wissen hatte. Verbrachten Männer wie er nicht ihr Leben in der Einsamkeit mit Beten und dem Studium heiliger und gelehrter Schriften? Also nahm er sich die Worte Bahiras zu Herzen. Er versprach ihm, noch sorgsamer als bisher über das Wohl und die Sicherheit seines Schützlings zu wachen.

# Sayyida Khadijas ﷺ Karawane

Sayyidi Abu Talib ﷺ hatte seine Geschäfte in Syrien zügig abgewickelt. Dann war er mit Sayyidina Mohammed ﷺ schnell nach Mekka zurückgekehrt. Der Prophet wuchs zu einem jungen Mann heran, der sich von allen Anderen seines Alters unterschied. Die Jugendlichen in Mekka liebten das Glücksspiel und tranken dazu Alkohol im Übermaß. Sie hatten kein gutes Benehmen und übertrafen sich in schlechten Taten. Wie ihre Eltern verehrten sie die steinernen Götzen. Sayyidina Mohammed ﷺ tat nichts von alledem. Er war überall bekannt für seine Hilfsbereitschaft, seine Gerechtigkeit und Ehrlichkeit. Er vereinte Edelmut, Sanftmut und Barmherzigkeit in sich und hielt sich von allen lasterhaften Dingen fern. Bald wurde er nur noch Al-Amin, „der Treue", genannt.

In Mekka lebte eine sehr reiche Frau von adliger Abstammung. Ihr Name war Sayyida Khadija bint Khuwailid ﷺ. Sie war schon zweimal verheiratet gewesen, aber ihre Männer waren früh gestorben. Jetzt verwaltete sie mit viel Geschick selbst ihren Besitz. Sie beauftragte Händler damit, Karawanen für sie zu führen und erzielte hohe Gewinne. Ein jeder in Mekka kannte Sayyida Khadija ﷺ, denn sie war nicht nur sehr reich, sondern auch sehr schön und hatte einen edlen Charakter. Viele Mekkaner hätten sie gerne geheiratet, aber Sayyida Khadija ﷺ war nicht daran interessiert. Als selbstständige, tatkräftige Frau widmete sie sich ganz ihren Geschäften.

Sayyidina Mohammed ﷺ war inzwischen 25 Jahre alt geworden. Er hatte sich im Karawanenhandel bewährt und erfreute sich überall großer Beliebtheit. Eines Tages erhielt er ein Angebot von Sayyida Khadija رضي الله عنها. Er sollte für sie eine Karawane nach Basra führen. Sie bot ihm einen hohen Lohn, das Doppelte von dem, was sie sonst zahlte. Sayyidina Mohammed ﷺ freute sich sehr über das Vertrauen, welches ihm trotz seines jungen Alters entgegengebracht wurde. Noch größer war die Freude seines Onkels Sayyidi Abu Talib رضي الله عنه. Er sprach: „O Mohammed, dieses Einkommen hat Allah dir geschenkt. Dank sei Allah!“

Nicht viel später rüstete Sayyidina Mohammed ﷺ die Karawane für Sayyida Khadija رضي الله عنها. Sie schickte ihm als Begleitung ihren Sklaven Maisara.

Maisara hatte diese Reise schon öfter gemacht und sollte dem Propheten ﷺ mit Rat und Tat zur Seite stehen. Alles war gut vorbereitet, die Kamele beladen, die Männer an ihren Plätzen. Sayyidina Mohammed ﷺ gab das Kommando zum Aufbruch. Wie immer entwickelte sich dabei ein großes Durcheinander. Die Kamele erhoben sich widerwillig unter dem Zuruf ihrer Treiber. Manche brüllten laut und der aufgewirbelte Staub trübte die Sicht. Doch schließlich ordnete sich alles in Reihen und langsam konnte man die Karawane davonziehen sehen.

Ohne Zwischenfälle erreichten die Reisenden ihr Ziel. Im Lager vor Basra ging jeder seiner gewohnten Beschäftigung nach. Der Prophet ﷺ saß tief in Gedanken versunken unter einem Baum. Das war seinen Reisebegleitern schon ein gewohntes Bild. Denn oft saß er so und schien mit seinen Gedanken weit fort. Maisara war gerade dabei, ein Feuer zu entzünden, als er plötzlich von der Seite angesprochen wurde: „Ich grüße dich, mein Freund Maisara. Lange sah ich dich nicht und es ist eine Freude, dir wieder zu begegnen." Maisara blickte auf. Es war der Mönch Nastur aus dem nahegelegenen Kloster. Sie kannten sich von früheren Reisen und hatten oft anregende Gespräche geführt. Maisara begrüßte ihn ebenso erfreut.

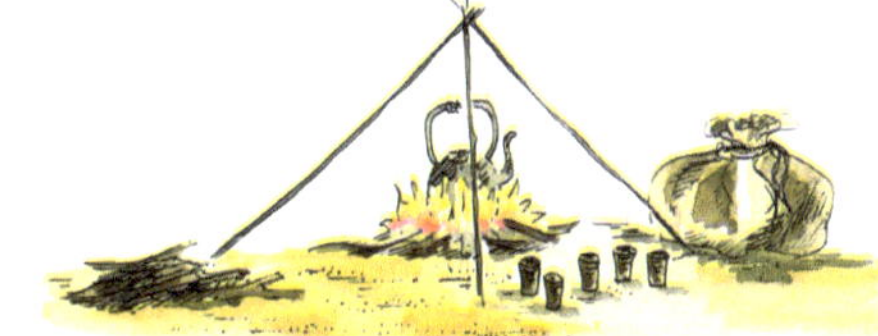

Nastur schien sehr aufgeregt. Immer wieder blickte er in die Richtung von Sayyidina Mohammed ﷺ, der in einiger Entfernung von ihnen auf einen Baum zu ging. Schließlich fragte er: „Wer ist dieser Mann?" Maisara antwortete: „Das ist Herr Mohammed von den Quraisch, den Hütern der Kaaba. Er führt die Karawane für meine Herrin Khadija رضي الله عنها." Nastur fuhr fort zu fragen: „Was hast du unterwegs mit ihm erlebt, wie ist er?" Maisara blickte seinen Freund an, dann sagte er: „Du fragst nach einer Sache, die ich selbst in meinem Herzen bewege, denn noch nie habe ich jemanden kennen gelernt, der einen so edlen und reinen Charakter hat. Er vereint in sich die Vertrauenswürdigkeit und die Ehrenhaftigkeit. Stundenlang habe ich ihn so nachdenklich sitzen sehen. Ich glaube, er spricht Lobpreisungen wie ein Betender, denn oft höre ich ihn leise Worte murmeln."

Maisara machte eine kurze Pause, dann fuhr er fort: „Einmal erkrankten zwei unserer Kamele. Ich sollte mit ihnen zurückbleiben, bis es ihnen besser ginge. Sicher verstehst du, dass ich keinesfalls erfreut war, allein in der Wüste zu warten. So ging ich zum Herrn Mohammed und erzählte ihm davon. Ich hoffte, er würde darauf bestehen, mich bei sich zu behalten und einen anderen an meiner Stelle bei den Kamelen lassen. Aber er wollte nur die erkrankten Tiere sehen." Nastur fiel ihm ins Wort: „Und dann, was geschah dann?" Maisara fuhr fort: „Er ging zu den Kamelen. Sie schienen sein Kommen zu begrüßen, neigten ihm ihre Köpfe vertrauensvoll entgegen. Herr Mohammed streichelte die Kranken und sprach milde mit ihnen. Du wirst mir nicht glauben, aber danach ging es den Kamelen viel besser und sie konnten mit uns gehen. Ich denke oft darüber nach. Dieser Mann ist bestimmt etwas Besonderes."

Nastur drängte Maisara: „Beschreibe mir sein Aussehen!" Maisara blickte ihn lange an, dann sagte er: „Du stellst mich vor eine schwere Aufgabe, denn niemals sah ich einen Menschen wie ihn. Er ist von einer Schönheit, die man nicht beschreiben kann. Wenn man ihn ansieht, kann man den Blick nicht von ihm wenden. Seine Augen sind groß und dunkel, seine Wimpern lang und schwarz. Auf seiner Stirn ist ein Leuchten..." Maisara hielt inne. Nastur sprach: „Alles was du erzählt hast, trifft auf den Propheten zu, der in unseren Heiligen Büchern angekündigt wird. Siehst du nicht, wo er sitzt? Unter diesem Baum sitzen nur Propheten!" Maisara war von diesen Worten sehr ergriffen. Er dachte sich im Stillen: „Ich glaube Nastur hat recht? Alles, was mir unterwegs aufgefallen ist, hätte dadurch eine Erklärung." Während sie so sprachen, hatten sie sich Sayyidina Mohammed ﷺ langsam genähert. Nastur begrüßte den Propheten ﷺ ehrerbietig. Bald waren sie in ein Gespräch verwickelt. Sie unterhielten sich über die Verehrung der Götzen und es war ganz klar, dass der Prophet Sayyidina Mohammed ﷺ mit der Götzendienerei sehr unzufrieden war. Nastur fragte auch nach seiner eigenen Religion, der Religion der Christen. Sayyidina Mohammed ﷺ kannte sich sehr gut aus, erklärte ihm, was er richtig und was er falsch fand, und sprach mit großer Achtung und Ehrfurcht von dem Propheten Jesus عليه السلام.

# Hochzeit mit Sayyida Khadija ﷺ

Nachdem alle Geschäfte in Basra wie besprochen abgewickelt waren, kehrte Sayyidina Mohammed ﷺ mit seiner Karawane nach Mekka zurück. Sie erreichten den Lagerplatz Maril Bakhran vor den Toren der Stadt. Während die Waren abgeladen und sortiert wurden, machte sich der Prophet ﷺ auf den Weg zu seiner Auftraggeberin.

Sayyida Khadija ﷺ stand auf dem Dach ihres Hauses. Sie genoss den kühlen nördlichen Wind und blickt zu der in der Ferne lagernden Karawane. Längst hatte sie die Nachricht erreicht, dass Sayyidina Mohammed ﷺ zurück war, und sie wartete neugierig auf die Ergebnisse der Reise.

Aus dem dunstigen Staubwirbel, der die Sicht auf den Lagerplatz trübte, löste sich eine einzelne Gestalt. Ein Kamelreiter kam auf Mekka zu und über ihm schwebte eine Wolke und diese Wolke bewegte sich mit der gleichen Geschwindigkeit wie der Reiter. Als er schon ganz nahe war, erkannte sie Sayyidina Mohammed ﷺ. Sayyida Khadija ﷺ gehörte zu den wenigen, die diese Wolke sahen, welche den Propheten ﷺ immer begleitete. Vor den Augen der meisten Menschen blieb sie wie durch einen Schleier verborgen. Bewegt von dem Wunder, das sie soeben erlebt hatte, und voll Erwartung eilte die Hausherrin zur Tür hinunter, um Sayyidina Mohammed ﷺ zu empfangen.

Der junge Herr ﷺ berichtete ihr ganz genau, was er erreicht hatte.

Sayyida Khadija ﷺ war ganz hingerissen von seiner gewandten Ausdrucksweise und wie er alles genau zu erklären wusste. Sie bewunderte seine Sprache und seine Ehrlichkeit. Sayyidina Mohammed ﷺ hatte einen Gewinn erzielt, der bei weitem überstieg, was andere Männer bisher in ihrem Auftrag erworben hatten.

Während Sayyida Khadija ﷺ dem Propheten Mohammed ﷺ ganz aufmerksam lauschte, vertiefte sie sich in seinen Anblick. Seine mandelförmigen, tiefdunklen Augen, gerahmt von den langen Wimpern, hatten eine große Anziehungskraft. Die Augenbrauen, wie Mondsicheln gebogen, stießen in der Mitte zusammen. Das Weiße der Augen war am Rande ein bisschen rötlich. Seine Haare waren dicht und schwarz und leicht gewellt, er trug sie bis auf die Mitte des Halses. Sein Bart war von gleicher Farbe. Seine Haut war hell, aber von der Sonne gebräunt. Seine Haltung war edel und aufrecht. Beim Gehen neigte er sich ein wenig nach vorne. Seine Schönheit und seine Ausstrahlung nahmen Sayyida Khadija ﷺ den Atem und sie fand in ihrem Inneren keine Worte und keine Bilder, die diese Schönheit ausreichend hätten beschreiben können.

Wenig später kehrte auch der Diener Maisara heim. Er berichtete seiner Herrin von den Wundern, die unterwegs geschehen waren. Er sprach von dem vortrefflichen Charakter Sayyidina Mohammeds ﷺ, von seiner Geschicklichkeit und Aufrichtigkeit bei der Abwicklung der Geschäfte. Zum Schluss erzählte Maisara von der Begegnung mit dem Mönch Nastur.

Sayyida Khadija ﷺ war von dem Gespräch mit Sayyidina Mohammed ﷺ tief beeindruckt und nach allem, was sie jetzt noch über ihn gehört hatte, konnte sie nicht aufhören an ihn zu denken. Immerzu beschäftigte sie sich mit ihm und ihr Wunsch, diesen Mann zu heiraten, wurde immer größer. Schließlich sprach sie darüber mit einigen ihrer vertrauten Frauen:

„Ihr wisst wohl, dass der Neffe Abu Talibs für mich eine Karawane nach Basra geführt hat. Er hat seine Aufgabe auf das gewissenhafteste erfüllt. Sein Benehmen ist so vollendet wie sein Charakter und seine Erscheinung lässt mein Herz höher schlagen. Tag und Nacht ist meine Seele gefangen von dem Wunsch ihn zu heiraten. Ich vermag nicht mehr darüber zu schweigen und weiß nicht wie ich es anfangen soll.“ Nafisa, eine ihrer Freundinnen, sagte darauf: „Schenke mir dein Vertrauen und überlass diese Angelegenheit mir.“

Nafisa machte sich auf den Weg zu Sayyidina Mohammed. Nach den üblichen Worten zur Begrüßung, fragte Nafisa: „Hast du nicht die Absicht zu heiraten?“ Sayyidina Mohammed antwortete: „Wie könnte ich heiraten, mein Verdienst reicht nicht aus, um eine Familie zu versorgen.“ Nafisa entgegnete: „Ich kenne eine sehr reiche Frau, von adliger Abstammung und großer Schönheit. Sie wäre einer Verbindung mit dir nicht abgeneigt.“ Der Prophet sprach: „Sag mir, wer es ist.“ Nafisa antwortete: „Ich spreche von der edlen Herrin Khadija.“ Sayyidina Mohammed war über dieses Angebot sehr erstaunt, denn sie war eine angesehene Persönlichkeit und hatte viele reiche Männer abgelehnt. Er hatte ihr nichts zu bieten außer seiner guten Herkunft.

Sein Onkel Sayyidi Abu Talib war ebenfalls verwundert und gab zu bedenken: „Du musst berücksichtigen, dass diese Frau sehr reich ist, Mohammed, und du wirst neben ihr aussehen wie ein Habenichts oder wie einer, der nach dem Geld trachtet. Doch der Prophet entgegnete: „Ich brauche kein Geld, und ihr großes Vermögen interessiert mich gar nicht.

Die Herrin Khadija ist sehr schön und hat einen Charakter ohne Fehler. Wenn du erlaubst, so möchte ich ihren Antrag annehmen.“ Sayyidi Abu Talib رضي الله عنها war schließlich einverstanden und schon bald wurde der Tag ihrer Hochzeit festgelegt.

Die Ehe von Sayyidina Mohammed ﷺ und Sayyida Khadija رضي الله عنها wurde sehr glücklich, obwohl Sayyida Khadija رضي الله عنها 15 Jahre älter war. Damals konnten die Männer so viele Frauen heiraten wie sie wollten. Aber solange Sayyida Khadija رضي الله عنها lebte, heiratete Sayyidina Mohammed ﷺ keine andere Frau.

Sie hatten sieben Kinder zusammen, vier Töchter und drei Söhne. Doch die drei Söhne Qasim, Tahir und Tayyib starben alle kurz hintereinander, sie wurden nicht älter als zwei Jahre. Es war Gottes Wille, dass der Prophet Sayyidina Mohammed ﷺ der letzte Prophet sein würde, er würde keinen leiblichen Sohn haben, der die Prophetenschaft erben könnte. Und wie Gott, der Allmächtige, es versprochen hatte, war das Licht des Propheten Sayyidina Mohammeds ﷺ, welches Adam auf seine Stirn bekommen hatte, durch die Generationen gewandert und hatte nun an sein Ziel erreicht.

Der Glaube des Propheten ﷺ war so rein und stark, dass er auch dieses Schicksal tapfer ertrug. Doch er war sehr traurig und sein Schmerz so groß, wie damals, als er Mutter, Vater und Großvater verloren hatte. Bei ihm blieben seine Töchter Sayyida Zainab ﵂, Sayyida Ruqaya ﵂, Sayyida Umm Kulthum ﵂ und Sayyidatuna Fatima ﵂. Später lebten in der Familie Sayyidina Mohammeds ﷺ noch zwei Knaben. Der eine von ihnen hieß Sayyidina Ali ﵁ und war ein Sohn von Sayyidi Abu Talib ﵁. Sayyidina Mohammed ﷺ hatte ihn aufgenommen, um Sayyidi Abu Talib ﵁ bei der Versorgung seiner vielen Kinder zu unterstützen. Sayyidi Said ﵁ war der Name des zweiten Jungen. Dieser war ein ehemaliger Sklave edler Herkunft. Der Prophet ﷺ hatte ihn freigelassen und als seinen Sohn angenommen. Denn obwohl Sayyidi Said ﵁ zu seiner reichen Familie hätte zurückkehren können, blieb er lieber bei dem Propheten Sayyidina Mohammed ﷺ. Diese beiden Knaben waren Sayyidina Mohammed ﷺ so nah und lieb, als wären sie seine eigenen Söhne.

# Die Kaaba wird erneuert

Es waren ungefähr zehn Jahre vergangen. Der Prophet ﷺ war nun 35 Jahre alt. Immer noch erfreute er sich großer Beliebtheit und man schätzte seine Meinung in allen Fragen des Lebens. Zu dieser Zeit geschah es, dass starke Regenfälle in den Bergen eine Überschwemmung verursachten. Das plötzliche Übermaß an Wasser fand keine Gelegenheit, in dem ausgedörrten Boden zu versickern, und so stürzten nach kürzester Zeit gewaltige Wassermassen durch die ausgetrockneten Flussbette in das Tal hinunter. Als sich die Lage wieder beruhigt hatte, musste man feststellen, dass die Kaaba Schaden erlitten hatte. Nach langen Beratungen wurde in Mekka beschlossen, die Kaaba zu erneuern. Aber alle hatten Angst, Hand an dieses Heilige Haus zu legen.

Zunächst gab es aber ein ganz anderes Problem. Unter der Kaaba hauste eine riesige Schlange, die sich auf den Mauern des Gebäudes zu sonnen pflegte.

Man hatte sich schon an sie gewöhnt und ging ihr einfach aus dem Weg. Doch beim Wiederaufbau der Kaaba musste man unweigerlich mit ihr in Berührung kommen. Sie drohte jedem, der sich ihr näherte, mit einem gefährlichen Zischen.

Eines Tages kam ein Mann schreiend zu den Ältesten der Stadt. Er war sehr aufgeregt und ganz außer Atem. Schließlich stieß er hervor: „Ein Wunder ist geschehen, ein Wunder ist geschehen. Die Schlange - ein Adler hat die Schlange fortgetragen!" Da war ein Raunen und Rufen um ihn her. Die Leute drängten näher herbei und wollten genau wissen, was geschehen war. Der Mann berichtete: „Ich ging zur Kaaba, um zu beten und den Göttern ein Opfer zu bringen. Wie immer schaute ich nach der Schlange, denn ich wollte ihr nicht zu nahe kommen oder mich durch ihr Zischen erschrecken lassen. Sie lag auch tatsächlich in der Sonne. Da wurde ich auf eine Bewegung am Himmel aufmerksam. Ein großer Adler kam schnell näher. Ich fürchtete mich, denn er war riesig und flog zielstrebig in meine Richtung.

Schon erhob ich meine Arme, um mich vor seinem Angriff zu schützen. Am liebsten wäre ich in den Schutz der Kaaba geeilt, aber ich stand wie angewurzelt und konnte mich vor Schreck nicht von der Stelle rühren. Im nächsten Moment packte der Adler die Schlange und flog mit ihr davon.“ Der Mann zitterte noch am ganzen Leib von dem eben Erlebten und niemand zweifelte an seinen Worten. Doch ganz sicher war man erst, als auch in den nächsten Tagen der Platz der Schlange leer blieb.

Die Schlange war fort. Alle sahen es als Zeichen, dass mit der Erneuerung der Kaaba begonnen werden konnte. Auch für Baumaterial hatte der Zufall gesorgt. Durch ein gestrandetes Schiff in der Hafenstadt Jidda gab es Holz.

Es fand sich ein Baumeister, der die nötigen Verbesserungen und Reparaturen beaufsichtigen konnte. Die Kaaba hatte bisher kein Dach und war schlecht geschützt vor Räubern, die es auf die Heiligtümer und Schätze im Inneren abgesehen hatten. Außerdem sollte das Gebäude erhöht werden, denn es war nicht viel mehr als mannshoch.

Der Tag für den Beginn der Arbeiten wurde festgelegt. Alle Stämme sollten daran beteiligt sein. Schon vorher war genau aufgeteilt worden, was jeder zu machen hatte. Wie nun die ausgewählten Männer vor der Kaaba zusammenkamen, ergriff sie wieder die Angst und keiner wollte als erster Hand anlegen. Schließlich fasste sich ein Mann namens Walid ein Herz und sagte: „Ich will es wagen!“ Er nahm sein Werkzeug und schlug einige Steine herunter.“ Dann hielt er inne und wartete ab. Aber alles blieb ruhig und die Männer um ihn atmeten auf. Einer sprach: „Die Sache sieht günstig aus, trotzdem möchte ich vorschlagen, noch einen Tag abzuwarten. Wenn Walid bis morgen nichts zugestoßen ist, so können wir getrost annehmen, dass wir für diese Arbeit allen Segen haben.“ Damit waren alle einverstanden.

Am nächsten Tag versammelten sie sich erneut. Walid war kein Unglück zugestoßen und so fing man an, die brüchigen Mauern der Kaaba herunterzureißen. In einer Ecke der Kaaba befand sich der schwarze Stein, den Sayyidina Adam von Gott geschenkt bekommen hatten. Die Arbeiter nahmen den Stein vorsichtig aus der Wand. Da rief einer von ihnen: „Seht hier, eine Inschrift!“ In der einen Ecke, wo der Stein verankert gewesen war, konnte man deutlich ein paar Zeilen erkennen. Aber niemand konnte es lesen.

Sie holten einen in der Schrift bewanderten Juden. Er sagte: „Das ist eine assyrische Schrift und sie lautet wie folgt: ‚Ich bin Gott, der Herr von Mekka. Ich erschuf es am Tage, als ich Himmel und Erde erschuf, Sonne und Mond formte, und ich habe es mit sieben gläubigen Engeln umgeben. Es wird nicht vergehen, solange seine beiden Berge stehen'." So lauteten die Worte Gottes und obwohl es ein deutliches Zeichen war, ließen die Mekkaner doch nicht ab von ihrer Verehrung der Götzen.

Die Arbeit wurde fortgesetzt, bis man auf die Grundmauern stieß, die der Prophet Abraham gelegt hatte. Die Steine waren grün und sahen aus wie die Höcker eines Kameles. Einer der Männer versuchte, einen dieser Steine zu bewegen und aus dem Boden zu hebeln. Er hatte kaum dazu angesetzt, als der Boden in ganz Mekka erzitterte und bebte.

Die anderen riefen in ihrer Angst: „Halt, halt!" Aber dessen hätte es nicht bedurft, denn der Mann hatte vor Schreck sein Werkzeug weit von sich geschleudert und war ein großes Stück zurückgesprungen. Nun wagte niemand mehr die Steine zu verändern und man begann den Wiederaufbau auf den alten Grundmauern.

Bis hierher ging es sehr gut voran. Die Männer arbeiteten Hand in Hand, bis zu dem Zeitpunkt, als man den schwarzen Stein wieder einsetzen wollte. Jeder beanspruchte diese Ehre für sich und seinen Stamm. Es entwickelte sich ein heftiges Wortgefecht und es kam zu keiner Einigung. Schließlich musste man die Arbeit unterbrechen. Auch am nächsten Tag gab es kein Vorankommen. Im Gegenteil, die unterschiedlichen Parteien zerstritten sich immer mehr. Es wurden Bündnisse geschlossen und man war nicht weit davon entfernt, zu den Waffen zu greifen.

Nach vier oder fünf Tagen trafen sich die gegnerischen Gruppen erneut vor der Kaaba, um zu verhandeln, aber es kam nur ein wildes Geschimpfe und ein Hagel von gegenseitigen Vorwürfen dabei heraus. Schon hatte der eine oder andere seine Hand an das Schwert gelegt. Da ergriff Umaiya, einer der Ältesten vom Stamme der Quraisch das Wort: „Hört mich an! Sicher kommt euch allen die Ehre zu, diesen Stein an seinen Platz zu legen, denn ihr alle seid unzweifelhaft von edler Abstammung. Ich mache euch den Vorschlag, demjenigen die Entscheidung zu überlassen, der als erstes die geweihte Erde unseres Heiligtums der Kaaba betritt." Ein beifälliges Nicken gab Umaiya Zustimmung. Auf diese Weise konnte keiner seine Ehre verlieren. Es blieb ganz der göttlichen Fügung überlassen. In diesem Moment betrat Sayyidina Mohammed ﷺ den Heiligen Bezirk. Mit lauten Rufen wurde er empfangen: „Oh Mohammed, du bist ehrlich und vertrauenswürdig! Bitte komm heran und entscheide du für uns!

Wir werden erfüllen, was immer du bestimmst. Keinen Besseren hätten wir für diese Aufgabe wählen können!“ Sayyidina Mohammed ﷺ ließ sich die Lage erklären. Dann nahm er seinen Mantel und rollte den Stein darauf. Ein Mann von jedem Stamm musste an den Rändern des Mantels anfassen. So hoben sie gemeinsam den Schwarzen Stein auf die richtige Höhe. Schließlich rückte Sayyidina Mohammed ﷺ selbst den paradiesischen Stein an seinen Platz. Mit dieser Lösung waren alle zufrieden und lobten seine Weisheit.

# Die Offenbarung

So sehr, wie die Menschen Sayyidina Mohammed ﷺ schätzten, weil er alle tugendhaften Eigenschaften in sich vereinigte, so blieb er ihnen doch auch immer fremd und unerreichbar. Unter den Mekkanern lebte nur ein anderer Mann, der die Religion Sayyidina Abrahams رضي الله عنها nicht vergessen hatte, sich offen dazu bekannte und die Menschen an den Einen Gott zu erinnern versuchte. Aber niemand ahnte, dass auch Sayyidina Mohammed ﷺ diese Religion in seinem Herzen trug, denn er verbarg sie in seinem Inneren. Immer öfter zog er sich in eine Höhle auf dem Berg Hira zurück, um zu beten.

Im heiligen Monat Ramadan blieb er sogar den ganzen Monat dort und fastete und betete. Wenn er von der Höhle zurückkehrte, ging er als erstes zur Kaaba und umrundete sie siebenmal. Danach ging er zu seiner Familie. Seine Frau umfing ihn liebevoll und fragte: „Wie geht es dir, mein Lieber, nach dieser langen Zeit des Fastens und Betens?“ Er antwortete: „Dank sei Allah, es geht mir gut.“ Die Kinder kamen jubelnd herbei gelaufen. Die Kleinen kletterten an ihm hoch und die Größeren umarmten ihn. Sie riefen: „Wo warst du, Papa? Du warst so lange fort. Wir haben dich vermisst!“ Sayyidina Mohammed ﷺ spielte mit seinen Kindern und war glücklich im Kreise seiner Familie.

Der Prophet Mohammed ﷺ war nun 40 Jahre alt. Wieder kam die Zeit des Fastens und er zog sich mit nur wenig Speise in seine Höhle zurück. Er befand sich in innerlichem Aufruhr, denn die Stunde seiner Bestimmung war nahe gekommen. Er verbrachte die Tage und die Nächte im Gebet. Näher und näher rückte der Moment heran, den Gott gewählt hatte, um Sich Seinem Gesandten ﷺ zu offenbaren.

So geschah es nach Gottes Befehl, dass plötzlich eine lichte Gestalt vor Sayyidina Mohammed ﷺ stand. Es war der Engel Gabriel, der im arabischen Gibril genannt wird. Der Prophet ﷺ fürchtete sich nicht vor ihm. Schon als kleines Kind war er ohne Furcht gewesen, als der Engel ihm in Gestalt eines Mannes das Herz aus der Brust genommen hatte, um es zu reinigen. Doch den Propheten Sayyidina Mohammed ﷺ erfasste eine große Aufregung, denn er wusste um die Bedeutung dieses Augenblicks für sein persönliches Schicksal und für die gesamte Menschheit.

Der Engel Gabriel war gekommen, um dem Propheten ﷺ zum ersten Mal die von Gott gesandten Worte zu überbringen, die wir bis heute im Heiligen Koran lesen können. Er breitete ein Tuch aus, das mit Schriftzügen bedeckt war, und forderte daraufhin Sayyidina Mohammed ﷺ sehr eindringlich auf: „Lies!" Der Prophet ﷺ erfasste sofort die Beutung der Zeilen und antwortete ehrfürchtig: „Ich lese es nicht!" Gabriel, der Bote Gottes, wiederholte: „Lies!" Sayyidina Mohammed ﷺ war aber so ergriffen von dem Geschehen, dass er stattdessen bebend und zitternd wiederholte: „Ich lese nicht!" Fast schwanden dem Propheten ﷺ die Sinne.

Eine große Furcht vor der gewaltigen Aufgabe, die Gott für ihn vorgesehen hatte, durchströmte ihn. Schon hörte er erneut den Befehl des Engels ﷺ: „Lies!", doch Sayyidina Mohammed ﷺ weigerte sich genau wie zuvor. Er taumelte und konnte sich kaum auf den Beinen halten, während der Engel ﷺ seinen Befehl „Lies!" zum vierten Mal wiederholte. Die ganze Höhle war jetzt erfüllt von dessen Lichtgestalt. Da durchströmte der göttliche Wille jeden Winkel im Innersten des Propheten Sayyidina Mohammed ﷺ und gab ihm die Kraft, der Aufforderung des Engels ﷺ zu folgen, und er trug diese ersten, von Gott gesandten Worte vor:

„Im Namen Allahs, des Gnädigen, des Barmherzigen, lies! Lies im Namen Deines Herrn! Er erschuf den Menschen aus einem Klumpen Blut. Lies, denn der Herr ist der Allgütige, der den Mensch lehrte durch die Feder, der den Mensch lehrte, was er nicht wusste. Wahrlich, der Mensch ist widerspenstig."

Sure 96, Al Alaq (Der Blutklumpen), Vers 1-6

Der Prophet Sayyidina Mohammed ﷺ bebte und zitterte, nachdem er die Verse gesprochen hatte und es war ihm, als wären die Worte in sein Herz gebrannt worden. Er rannte aus der Höhle ins Freie und wollte den Berg hinunter laufen, in den Schutz der Stadt. Da hörte er eine Stimme über sich: „Oh Mohammed, du bist der Gesandte Allahs und ich bin der Engel Gabriel." Der Prophet ﷺ blickte nach oben und sah den Engel ﷺ, der eben bei ihm gewesen war. Er füllte den ganzen Himmel aus und wohin Sayyidina Mohammed ﷺ sich auch wandte, konnte er den Engel ﷺ sehen, der in unendlich viele Flügel gehüllt war. Der Prophet Sayyidina Mohammed ﷺ

begannn sie zu zählen - als er bei sechshundert Flügeln angelangt war, hörte er auf, weil er erkannte, dass er damit niemals fertig werden würde.

Der Prophet Sayyidina Mohammed ﷺ machte sich erschöpft von dem Erlebten auf den langen Heimweg. Er bebte am ganzen Leibe. Als er endlich bei Sayyida Khadija رضي الله عنها ankam, sagte er: „Deck mich zu, deck mich zu!" Sie legte ein Tuch über ihn und hielt ihn in ihren Armen. Nach einer Weile erzählte der Prophet ﷺ, was geschehen war. Sayyida Khadija رضي الله عنها sagte: „Das war bestimmt der Engel, der einst zu dem Prophet Moses gesprochen hat. Ich will zu meinem Vetter Waraqa gehen und ihn dazu befragen, er kennt sich gut aus in der Geschichte der Religionen."

Ihr Vetter Waraqa ibn Naufal hörte sich ruhig an, was Sayyida Khadija رضي الله عنها zu berichten wusste. Dann sprach er: „Wenn es wahr ist, was du erzählst, so kann es sich in der Tat nur um den Engel Gabriel handeln, derselbe, der mit Moses sprach. Bei Allah, ich bin überzeugt, dass Mohammed der erwartete Prophet ist! Allah hat sich ihm offenbart und wird ihm zeigen, wie er sein Volk auf den richtigen Weg führen soll. Das wird eine schwere Zeit für ihn werden. Sein Volk wird ihn verleugnen und verfolgen und versuchen, ihn zu töten. Er muss sehr stark sein und du musst ihn mit deiner ganzen Kraft und Liebe unterstützen." Sayyida Khadija رضي الله عنها kehrte so schnell sie konnte zu ihrem Mann zurück, um ihm von dem zu berichten, was Waraqa gesagt hatte.

Sie fand Sayyidina Mohammed ﷺ auf dem Bett liegend. Er zitterte am ganzen Leib, denn der Engel Gabriel رضي الله عنها war wieder zu ihm gekommen und hatte ihm Gottes Wort verkündet:

„Im Namen Allahs, des Gnädigen, des Barmherzigen. O du in den Mantel gehüllter, erhebe dich und warne! Deinen Herrn verherrliche, dein Herz läutere, meide den Götzendienst und erweise nicht Huld, indem du Mehrung suchst. Um deines Herrn Willen, harre geduldig aus."

Sure 74, Al Muddathir (In den Mantel gehüllter), Vers 1-7

Sayyida Khadija umarmte ihren bebenden Mann und hielt ihn fest. Sie versuchte ihn zu beruhigen und erzählte von der Deutung ihres Vetters.

Nach dieser zweiten Offenbarung kam der Engel Gabriel lange Zeit nicht mehr. Der Prophet ﷺ wartete und wartete. Er hatte so viele Fragen, doch der Engel erschien nicht. Schließlich wurde Sayyidina Mohammed ﷺ sehr traurig. Er glaubte, Gott hätte ihn verlassen und wäre ihm böse. Wieder war es Sayyida Khadija, die ihm Mut zusprach, ihn tröstete und zur Geduld ermahnte. Doch schließlich hatte die Zeit des Wartens und der Ungewissheit ein Ende. Der Engel zeigte sich erneut und sprach:

„Im Namen Allahs, des Gnädigen, des Barmherzigen. Bei Morgendämerung und bei der Nacht, wenn sie am stillsten ist! Dein Herr hat dich nicht verlassen, noch ist er böse. Wahrlich, jede Stunde, die kommt, wird besser sein für dich, als die, die ihr voraus ging. Und fürwahr, Dein Herr wird dir geben und du wirst wohl zufrieden sein. Fand Er dich nicht als Waise und gab dir Obdach? Er fand dich, als du dich verirrt hattest und führte dich richtig. Er fand dich in Armut und machte dich reich. Darum bedrücke nicht die Waise, und schilt nicht den Bettler, und erzähle von der Gnade deines Herrn."

Sure 93, Al-Duha (Bei der Morgendämmerung)

Immer öfter kam der Engel Gabriel عليه السلام mit neuen Offenbarungen zu Sayyidina Mohammed ﷺ. Es waren Verse von großer Schönheit und tiefer Wahrheit. Für den Propheten Sayyidina Mohammed ﷺ begann jetzt die Aufgabe, nicht nur sich selbst mit dem Gedenken an Gott zu beschäftigen, sondern den Menschen davon zu erzählen. Schnell folgten ihm seine engsten Familienmitglieder in den Glauben an den Einen Gott. Sie kannten den feinen Charakter des Propheten ﷺ ja am allerbesten und erlebten die Wirkung der göttlichen Offenbarungen hautnah mit. Sie hörten als erste nach dem Propheten Sayyidina Mohammed ﷺ die wunderbaren Worte und hatten keinen Zweifel, dass Sayyidina Mohammed ﷺ der auserwählte Prophet ﷺ war, welcher die Religion erneuern würde. Sie waren froh und dankbar, dass sie die Geburtsstunde dieser neuen Religion, des Islam miterleben durften.

Doch das traf nicht für alle zu. Wie Sayyida Khadijas رضي الله عنها Vetter Waraqa vorhergesagt hatte, lagen schwere Zeiten vor dem Propheten Mohammed ﷺ und seinen Anhängern. In Mekka waren sie zunächst Spott und Anfeindungen, später sogar Verfolgung, Unterdrückung und Misshandlungen ausgesetzt. Sie ertrugen alles ganz ohne Gegenwehr im Vertrauen auf Gott und Seinen Propheten ﷺ.

Schließlich kam es zur großen Auswanderung, der Hijra. Die Gläubigen verließen ihre Heimatstadt Mekka und machten sich auf den Weg nach Medina. Sie mussten all ihr Hab und Gut zurücklassen und um ihr Leben fürchten. Die Gegner der neuen Religion ließen den Propheten Sayyidina Mohammed ﷺ und seine Gemeinschaft auch in Medina nicht in Ruhe.

Sie bekämpften sie mit großer Übermacht und Waffengewalt. Doch Gott ließ seinen Gesandten ﷺ nicht allein und schickte sogar Engel, die an seiner Seite kämpften. Dieses und viele andere Wunder sind aus der Zeit des Propheten Mohammed ﷺ überliefert. Genauso wie die Geschichten von großartigen Menschen, die ihren Weg in den Islam gefunden haben und von einigen der schlimmsten Feinde, die zu treuesten Freunden wurden. Denn die Liebe und Hingabe des Propheten ﷺ berührte die Menschen tief im Herzen. Auf unvergleichliche Art und Weise lebte er nach den Worten des Heiligen Koran und lehrte den Islam, die erneuerte Religion Gottes, des Gnädigen, des Barmherzigen.

Seynab Christine Gurtmann wurde 1963 in Norddeutschland geboren. 1982 machte sie ihr Abitur mit künstlerischem Schwerpunkt. Die Frage nach Gott und einem tieferen Sinn im Leben führte sie zu dem Burhaniya Sufiorden in Haus Schnede. Über den Sufismus fanden sie und ihr Mann im Islam ihre religiöse Heimat und eine lebendige Glaubensgemeinschaft.
Die Familie siedelte sich südlich von Hamburg an, Seynab zog die vier gemeinsamen Kinder auf und arbeitet heute im Familienbetrieb. Schon vor dreißig Jahren vermissste sie Bücher, die Kindern einen schönen Zugang zum Islam und seinem Propheten Mohammed, Gott segne ihn und schenke ihm Frieden, eröffnen.

www-edition avicenna.de


Buchgestaltung Seynab Gurtmann
Druck und Bindung: CPI Ebner & Spiegel, Ulm
ISBN 978-3-941913-21-9